하나님 안에서의 자유

김 종 선 지음

기독교문서선교회

기독교문서선교회(Christian Literature Crusade: 약칭 CLC)는
1941년 영국 콜체스터에서 켄 아담스에 의해 시작되었으며
국제 본부는 영국의 쉐필드에 있습니다.
현재 약 650여명의 선교사들이 59개 나라에서 180개의 본부를 두고,
이동도서차량 40대를 이용하여 문서 보급에 힘쓰고 있으며
이메일 주문을 통해 130여국으로 책을 공급하고 있습니다.
CLC는 청교도적 복음주의 신학과 신앙을 선포하는
국제적, 초교파적, 비영리 문서선교기관으로서, 하나님의 뜻에 합당한 책을 만들고
이 책을 통해 단 한 영혼이라도 구원되길 소망하며
이를 위해 주님이 오시는 그날까지 최선을 다할 것입니다.

FREEDOM IN GOD

by
Jongsun Kim

2007
Christian Literature Crusade
Seoul, Korea

Contents 목 차

머리말 / 7

제1부 • 세상사는 이야기 / 9

그리스도인의 성공의 개념 | 가치의 우선순위 | 삶의 의미
진실의 조건 | 너와 나의 꿈 | 인생을 아름답게 사는 사람의 행복 (1)
인생을 아름답게 사는 사람의 행복 (2) | 관계성의 신비로움
어머니의 의미 | 부부관계 | 내 삶의 소중한 한 사람
청소년 비행과 탈선, 누구 책임인가? | 기러기 가족의 슬픔 (1)
기러기 가족의 슬픔 (2) | 성형의 바람
한국교육은 거짓학력을 말할 자격이 있을까?
드라마 '주몽'이 대중의 인기를 끈 이유

제2부 • 미국 이민현장 이야기 / 69

경쟁, 그 아름다움을 위하여 (1) | 경쟁, 그 아름다움을 위하여 (2)
미국 이민자의 고단한 삶의 한 단면 (1)
미국 이민자의 고단한 삶의 한 단면 (2)
뿌리의 중요성 | 칭찬과 격려에 인색한 우리네
도덕적 불감증 | 한국 사람을 조심하라?
한인 청소년 교육의 현실 | 자살을 생각하는 이들에게
가정은 작은 교회

제3부 • 신앙 이야기 / 107

건강한 성도가 되는 길 | 아브라함이 믿음의 조상이 된 이유
신앙의 가장 중요한 한 요소 | 고난이 축복
기다림의 행복 | 삼갈의 막대기

FREEDOM IN GOD

바벨탑 사건과 현대 군중의 무지함
프로들의 간증 (1) | 프로들의 간증 (2) | 믿음의 크기
선과 악이 공존하는 이유 (1) | 선과 악이 공존하는 이유 (2)
육신의 생각과 영의 생각 | 말쟁이 | 기독교 신앙의 이상과 현실
기독교 신앙의 객관성 (1) | 기독교 신앙의 객관성 (2)

제4부 • 섬김 이야기 / 165

이웃돕기는 내가 받은 축복의 나눔 | 봉사의 주체와 객체
감사로 사는 인생의 행복 | 어떻게 감사할까?
성서가 가르치는 봉사 | 이웃을 먹여야 하는 정당성
구세군의 자선냄비 | 추억 속의 성탄 | 소명의 실체 (1) | 소명의 실체 (2)

제5부 • 교회 실존 이야기 / 199

한국교회의 미래 진단 (1) | 한국교회의 미래 진단 (2)
미국 한인교회 존재의 위기 | 그루터기
기능적 교회로서 존재 이유 | 교회의 역할
시대에 뒤져가는 미국의 한인교계 | 교회 분열은 정당한가?
교회의 변화를 요구하는 미국 이민사회 | 민족에게 희망을 주는 교회 모습
미래 지향적 선교를 위한 제안 (1) | 미래 지향적 선교를 위한 제안 (2)
미래 지향적 선교를 위한 제안 (3)
죽은 성도의 사회 (1) | 죽은 성도의 사회 (2) | 죽은 성도의 사회 (3)

머리말

"우리는 이 보물을 질그릇 속에 담고 있습니다. 그것은, 이 엄청난 능력이 하나님에게서 나오는 것이지 우리에게서 나오는 것이 아님을 드러내시려고 하는 것입니다" (고린도후서 4:7, 표준새번역).

아직도 아메리칸 드림을 꿈꾸는 이민자의 삶의 한가운데 살면서 공부할 때 보지 못했던 처절한 이민자들의 삶의 실체가 보였고, 그런 삶을 강 건너 불구경하듯 할 수 없었다. 아무도 알아주지 않는 "나"란 정체성을 찾아보려고 애를 쓰지만, 생활고란 문제에 부딪히게 되면 결국 진실도, 신앙도, 어떤 때는 자신까지도 포기해야 하는 1세대 이민자들은 결코 남이 될 수 없었다. 그래서 조야한 글재주로 가까이에서 보는 이민자들의 삶을 적어 보았다.

어쩌면 한 단면만을 보고 전부인양 생각할 수 있는 오류가 있을 것 같아 걱정도 앞섰다. 더구나 글을 쓴다는 것은 버겁기 한이 없는 일이어서 책으로 내놓는 것은 더더욱 용기가 필요했다. 그렇지만 싫든 좋든 글과 살아야 하는 일상은 하나님이 내게 주신 평생의 사역이라 믿고, 누군가와 내 생각을 공유해 보고 싶은 마음으로 조심스레 내보인다.

　글을 엮어준 사단법인 기독교문서선교회(CLC)에 감사를 드린다. 언제나 내 곁에서 한결같이 자리를 지켜준 아내와 새벽이면 어김없이 일어나 아들을 위해 기도하는 어머니께도 말할 수 없는 감사를 드린다. 무엇보다 질그릇 같은 나를 사용해 주시는 하나님 그분께 감사할 따름이다.

2007년 10월 말일에 Los Angeles에서
김 종 선

제1부

세상사는 이야기

그리스도인의 성공의 개념

사람은 대부분 다른 사람들이 인정해 주고, 관심을 받을 수 있는 일에 매력을 느낀다. 어느 일이든지 맡겨진 일을 하더라도 그 일을 통해 부수적인 이익이 창출되는 것이라면 더욱 구미가 당기게 마련이다. 자신의 능력을 인정받을 수 있을 수 있을 뿐만 아니라 주어진 그 일을 통해서 더욱 앞으로 나아갈 수 있는 길이 보인다면 더할 나위 없이 좋은 일이다. 이것은 일상적으로 성공을 추구하거나 성공했다고 말하는 사람들의 이야기이다.

기독교적 입장에서 성공이나 자아성취라는 용어는 세상의 정의와 약간의 차이가 있다. 그 대표적인 성경구절을 보면 요한계시록 2:10, "네가 죽도록 충성하라 그리하면 생명의 면류관을 얻으리라"는 말씀이다. 여기까지는 그래도 일반 사람들이 생각하는 성공의 개념과 일맥상통한다. 열심히 노력하고 충성을 했으니 성공이라는 면류관이 주어지는 것이다.

그런데 이 구절은 요한계시록 2:10 전체가 아니라 단지 뒷부분의 말씀이다. 앞에 있는 말씀은 "네가 장차 받을 고난을 두려워 말라 볼지어다 마귀가 장차 너희 가운데서 몇 사람을 옥에 던져 시험을 받게 하리니 너희가 십 일 동안 환난을 받으리라"이다.

이는 기독교적 입장에서 성공이란 것은 우리가 세상을 살아가며 보통사람들이 꿈꾸는 희망이나 소망과는 다르다는 것을 단적으로 보여주는 말씀이다. 현재 열심히 노력하고 땀을 흘리면 내일은 보다 편하고 좋은 자리가 주어지는 것이 아니라, 현재 열심히 수고하고 노력한다 해도 내일 다가오는 것은 고난과 시련이 될 수도 있다는 것이다. 그렇게 보면 오늘의 수고와 신앙의 노력이 내일이 되면 빛이 바래어 아무런 소용이 없다는 뜻으로 비칠 수 있다. 여기에 우리가 생각하는 시간이란 관념이 차이가 현격하게 보인다.

일상적으로 성공이나 소망의 성취는 오늘 우리가 살아가는 세상으로 국한된다. 그래서 젊어서 열심히 땀 흘려 벌어 놓아 늘그막에 편안한 여가를 보낼 수 있는 것을 축복으로 생각한다. 자신이 당했던 가난의 아픔을 자식들에게는 물려주지 않으려는 절박하면서도 간절한 소망도 성공이라는 이름 속에 담겨 있다. 하지만 그런 개념의 성공은 시간과 공간적인 제약점을 갖고 있다. 이 땅에서 살아가는 동안뿐이라는 것이다.

그러나 성도들에게 주어진 축복은 우리가 잠시 살아가는 이 땅이라는 공간적 개념과 살아가는 동안이라는 시간의 개념을 넘어 하나님의 나라와 영원으로 연결되는 것이다. 그래서 우리가 어떤 고난과 역경을 당한다 해도 두려워 말 것은 이 땅에서 성공과 안녕을 추구하는 이들이 결코 우리 성도들의 영원의 개념을 억누를 수 없기 때문이다.

그러니 우리 성도들이 갖고 있는 생명의 면류관이라는 말을 단순히 사람들의 관심과 이목의 집중을 끄는 명성과 부를 안겨다 주는 것으로 국한시킬 수는 없다. 오히려 현재 삶 속에서는 인정을 받지 못한다 해도, 경제적으로 빠듯한 생활이라 해도 미래의 소망을 바라보며 자신에게 주어진 일에 충성을 다하는 그 모습이 진정으로 축복을 받은 성도의 모습일 것이다.

나는 두 곳에서 가르치는 일을 하고 있다. 하나는 대학교에서 강의를 하는 것이고, 다른 하나는 우리 교회에서 운영하는 토요 한글학교에서 한글 기초반을 가르치는 것이다. 재미있는 것은 두 곳 중에서 더 힘들고 어려운 곳은 대학보다는 한글학교라는 것이다. 그 이유는 먼저, 학생들과 말이 잘 통하지 않는다는 것이다. 그들은 이제 겨우 'ㄱ, ㄴ'을 뗀 정도이고, 대부분의 경우에 한국말로 설명이 안 되어 영어로 설명을 해 가며 가르쳐야 하기 때문에 말이 한글 수업이지, 설명은 영어로 해야 하는 어려움이 있다. 또 하나, 강제성이 없는 수업이다 보니 학생들이 오고 싶으면 오고, 사정이 있으면 빠지는 일도 다반사라는 것이다.

그런데 위의 여러 상황보다 사실은 내 마음 때문이다. 명색이 최고의 학문을 다 하고, 대학 강단에도 서는 입장에서 말도 잘 통하지 않는 어린아이들에게 가나다라를 가르치는 일이 때로는 내 마음으로 받아들여지지 않는 것이 솔직한 고백이다. 구슬리고 달래가며 아무리 설명을 해도 다음 주면 까맣게 잊어버려, 다시 처음부터 수업을 진행해 가야 하는 심정이 편안하지를 못하다.

그런데 하나님은 이런 내 입장을 알기라도 하듯 한글학교 수업이 끝날 때마다 감당할 수 없는 은혜를 체험하게 하신다. 작은 일에 충성하는 일이 얼마나 힘들고 어려운지를 깨우쳐 주시는 것이다. 그리고 그 작은 일로 인해 느껴지는 행복이 얼마나 큰지도 알게 하신다.

남들이 다 알아주는 크고 중요한 일에 열심을 내는 것도 중요하지만, 사실은 작은 일에 충성을 다하기가 더 어려운 듯하다. 그렇다면 그리스도인들이 추구하는 성공이라는 개념은 뭇사람들의 시선을 끄는 큰일을 이뤄 놓고 여봐란 듯이 고개를 드는 것이 아니라, 다른 사람들의 이목에서 벗어난 하찮은 일일지라도 그 일에 충성하여 하나님의 인정을 받는 것이 아닐까?

비록 남들이 추구하는 성공의 자리에 가지 못할지라도 스스로 하나님 앞에 부끄럼 없이 주어진 일상에 최선을 다하고, 어떤 모양으로든 하나님이 주신 그 일을 천직으로 여기며 살아가는 사람이야말로 하늘이 내리신 성공한 사람임에 틀림이 없다.

가치의 우선순위

세상을 사는 사람들은 대부분 가치를 추구하며 산다. 그리고 어떻게 하든 더 높은 가치를 얻기 위해 선택의 기로에서 고민하곤 한다.

예를 들어 기업을 운영하는 기업가가 있다고 하자. 그 기업가가 새로운 사업에 진출을 하려고 할 때, 혹은 새로운 아이템을 개발하려고 할 때 가장 염두에 두는 것은 고객의 만족도나 사회공헌도가 아니다. 물론 직원들의 복지나 미래의 기업이미지를 위한 방안 등이 중요하지 않다는 것이 아니지만, 이런 것들은 부차적인 요인일 뿐이며 가장 중요한 것은 같은 비용을 들여서 지속적으로 더 많은 이익을 창출할 수 있는 방향에 집중을 한다.

기업가뿐만이 아니다. 식당에 들어가서 메뉴를 고르는 일회성 손님도 자신이 고르는 음식에 대해 여러 가지를 생각하고 정한다. 여러 가지란 말은 우선 가격이 적절하고, 맛이 있으며, 그날 입맛에 당기는 것을 고려한다는 말이다. 주머니 사정이 든든한 사람이라면 가격이 두 번째 순위로 갈지 모른다. 하지만 아무리 돈이 많은 사람이라도 턱없이 비싼 가격의 음식에 눈이 갈 리 없다.

사회생활에만 이런 우선순위의 법칙이 적용되는 것은 아니다. 교회생활에서도 우선순위의 법칙이 적용된다. 예를 들어 골프를 좋아하는 A라는 교인이 있다 하자. 이 교인이 정말 마음먹고 주일을 지키려고 노력하는데, 어느 날 한국에서 놀러온 죽마고우가 주일날 골프를 치러가자고 연락이 왔다. 그러면 이런 상황 속에서 A는 가치의 우선순위에 따라서 행동을 결정할 것이다. 주일날 빠지면 안 되는 여러 가지 이유를 들어 죽마고우의 청을 뒤로하고 교회로 향하든지, 아니면 주일마다 가는 교회를 한 번쯤 쉬고 죽마고우와 회포를 푸는 골프를 선택하든지 해야 할 것이다.

이런 선택사항은 신앙에 전념하는 교인들에게는 하등 문제가 될 일이 아니며 망설일 일도 아니다. 그저 하던 대로 교회로 가면 그만이다. 하지만 A라는 사람이 아직도 세상에 한 발을 담그고 있거나, 아니면 스스로 자신은 열심당원이라 여기지 않는 교우라면 그는 갈등을 하다가 오랜만에 소식을 받은 죽마고우에게 더 높은 가치를 부여하여 교회 대신 골프장으로 향할 수도 있다.

이런 우선순위를 정하는 데 있어서 갈등의 문제를 목회자에게 털어놓는다면, 그 평신도는 아마도 다음해 직분 선정에서 타격을 받을지도 모르겠다. 또 A씨의 이런 갈등을 누군가가 들었다면 아마도 교회생활을 등한히 하는 자로, 세상과 타협하며 사는 반쪽짜리 신자로 대우받기 십상이다.

가치의 우선순위 문제에 갈등을 느끼지 않는 사람이 어디 있으랴? 제아무리 독야청청 올곧게 사는 사람이라도 갈등은 있게 마련이며, 더 높은 가치의 것을 찾아가기 위해 고민하게 되는 것이 인지상정일 것이다.

그러면 가치의 우선순위 문제에 예수님은 어떠하셨을까? 그분은 과연 이런 문제에 갈등이나 고민을 하신 적은 없으셨을까? 우리가 아는 예수님은 하나님의 아들이고, 인생의 문제에 도통하신 분이기에 자신의 사명을 위한 길에서 주저함이나 갈등이 없이 언제나 아버지 하나님이 정하신 방향으로만 가셨을까? 이렇게 믿는다면 뭔가 잘못 알고 있는 것이다.

공관복음서의 기록을 보면 세 복음서는 동일하게 예수님이 겟세마네 동산에서 십자가의 죽음을 앞에 두고 고민하며 기도하는 장면을 생생하게 묘사하고 있다. 그분으로서는 이미 정해져 있는 길인줄 알지만, 인간적으로 죽음의 잔을 담담하게 맞을 수는 없으셨던 모양이다. 잔을 선택하거나 거부할 수 있는 권한도 없으신 예수님이지만, 자신의 짧은 삶을 돌아보며 얼마든지 인간적으로 고민할 수 있음을 인정하게 된다. 그러나 그분이 우리의 메시아로 손색이 없는 이유는 그런 기로에 서서 고민할 때 "내 뜻이 아닌 하나님 아버지의 뜻"에 더 가치부여를 하고 있다는 점이다.

우리가 살아가는 대부분의 일상에는 가치의 우선순위 결정문제에서 자유로울 수 없을 때가 종종 있다. 그때 우리가 과연 예수님과 같은 선택을 할 수 있을지 의문이다. 하지만 적어도 우리 신앙적 양심에 거리낌이 없는 선택이라면, 그 선택은 누가 뭐라 하든지 가치 있는 일임에 틀림이 없을 것이다.

삶의 의미

사람치고 수명에 관심이 없는 사람은 없을 것이다. 사회적으로나 경제적으로 안정이 되었다고 해도, 건강이 나빠져서 오래 살지 못한다면, 그런 것들이 아무런 소용이 없기 때문이다. 조금이라도 더 살려는 사람의 갈망에 편승해서 의술의 발달과 좋은 여건의 의식주로 사람의 생명이 정말로 길어졌다. 옛날 같으면 70을 고희라 할 정도로 70만 살아도 장수를 했다고 했는데, 지금은 80 정도도 별로 높은 나이가 아니고, 100세를 바라보는 분들도 아주 흔하게 볼 수 있다. 이제는 평균 수명도 80을 넘을 정도로 되었으니, 사람의 수명이 연장되기는 많이 연장이 되었다.

예를 들어 우리 교회에 나오는 어른들의 모임인 노인회의 회원 자격을 65세에서 70세로 올릴 정도로 이제는 60대 정도는 젊은 노인으로 분류를 한다. 하지만 이렇게 의술의 발달과 환경의 개선 등으로 사람의 생명이 길어지고 장수하는 어른들이 많아졌다고 해도, 여전히 사람의 생명이 연약함을 부인할 수 없다.

평소에 알고 지내는 한 분이 암 투병을 시작했다. 키도 크고 건장하게 생긴 분인데, 어느 날 건강검진에서 이상이 나와 정밀검사를 해보니 암이라 했다. 그는 그 암을 이기기 위해 무던히도 애를 썼다. 그런데 그의 부인은 자식 뒷바라지에다가 직장에다 남편 간호까지 해야 하는 삼중 사중의 고난을 말없이 짊어지고 가는 것이다. 게다가 새벽마다 남편을 살리기 위해 새벽기도회까지 나왔다. 쉴 수 있는 시간이 있기나 한지 걱정이 되어 "몸 조심하세요" 하면 "제 걱정 마세요. 저는 안 쓰러져요" 하는 것이다.

암에 걸린 당사자는 처음에는 자신에게 닥친 현실이 인정이 안 되어 만나기가 어려웠다. 정확히 말한다면 만나주지를 않았다. 암이라고 판정하기 전에는 간간히 만나주었는데, 막상 암이라는 결론이 내려지자 자신에게 내려진 까마득한 현실이 인정이 안 되었던 것이다.

그러다가 불과 얼마 전부터 담임목회자의 심방을 허용했다. 하지만 심방을 할 때마다 내 마음은 억장이 무너지는 것 같았다. 침상에 누워 주님을 외치는 그 얼굴에서 절박하게 주님을 찾는 모습이 안쓰럽기 그지없었다. 이럴 때가 바로 하나님의 기적을 만나야 할 때라는 생각이 들어 교우들에게 릴레이 금식기도를 부탁했다. 그리고 환자를 돕기 위한 모금도 시작했다. 아무리 의학이 발달했다고 해도 의사의 힘으로 어쩔 수 없는 병이 있기에 하나님을 찾을 수밖에 없는 것이다. 새벽기도회는 물론이고, 시간이 되는 대로 교우들이 교회에 나와 기도를 하면서 하나님의 기적이 오늘 우리 앞에 나타나기를 고대하고 있다.

미국에 건너와 고생고생 하다가 이제 조금 살 만하니 이런 어려움이 닥쳐온 것이다. 아마도 우리네 인생은 이런 어려움과 고난의 연속이라는 생각도 든다. 이런 우리 인생에 무슨 삶의 의미가 있을까? 우리가 뭔가를 소망하며 부지런히 달려간다고 한들 우리가 진정으로 원하는 것을 얻을 수 있기나 한가?

성경에 나오는 인물 중에 가장 굴곡이 심한 인생을 산 사람은 야곱일 것이다. 야곱은 한마디로 험난한 인생을 살았다. 그러다가 그가 가장 사랑하는 아들 요셉을 천신만고 끝에 만나게 된다. 인생의 마지막에 주어진 야곱의 기쁨이었다. 그리고 요셉의 인도로 바로 왕을 만나게 될 때 바로 왕이 야곱에게 나이를 물었다. 그때 야곱은 백삼십 세로, 험한 세월을 보냈다고 했다. 죽음을 얼마 앞둔 야곱의 고백은 우리네 인생의 장편 드라마를 한 마디로 보여주는 것 같다. 이런 야곱이 오늘 우리 성도들의 믿음의 조상이 된 이유를 굳이 따진다면, 그 숱한 역경의 삶 속에서도 자신이 살아가야 할 이유를 갖고 있었다는 것이다.

오늘도 죽지 못해 어쩔 수 없이 살아가는 이들이 있다면 나는 사도 바울 선생의 말씀을 나누고 싶다. "현재의 고난은 장차 우리에게 나타날 영광과 족히 비교할 수 없도다"(롬 8:18). 이것이 바로 우리가 최종적으로 찾아야 할 삶의 의미라 여겨지기 때문이다.

현재 당하는 고난이 있다면, 그 고난은 미래에 누리게 될 기쁨의 밑거름이며, 그 밑거름이 차곡차곡 쌓여가면서 우리네 삶은 눈에 보이는 것 이상의 무엇이 있음을 알게 될 것이다.

진실의 조건

우리가 하는 말 중에 "이 말은 거짓이 아닌데…" 하거나, "이 말은 하늘에 맹세코 진실인데" 또는 "내 말이 거짓말이면 성을 간다" 하는 식으로 자신의 하는 말이 진실임을 강조할 때가 있다. 아마 믿기가 어려운 세상이다 보니 진실한 말을 알아주지 않는 사람들이 많아서 그런 듯하다. 그런데 이 말을 거꾸로 뒤집어 보면 상대방이 진실성을 강조하면서 하는 말이 진실이 아니라 거짓일 가능성이 다분히 내포되어 있음을 보여준다. 진실이라는 말로 자신의 부당성 내지는 부정함을 포장하여 상대방을 설득하려는 심리가 내포되어 있다는 말이다.

우리가 사는 세상에 진실함이 있기나 할까? 우리가 일상적으로 말하는 내용이나 행동에서 진실성이 있다고 확신할 수 있을까?

나는 우리가 사는 세상에 진실이란 없다고 보는 부류 가운데 하나이다. 대부분의 사람들이 말하는 진실은 늘 자기편에 서서 바라보는 가운데 말하는 것이기 때문이다. 나란 주체의 입장에서 설득이 되고, 이해가 되고, 용납이 될 때 진실임을 강조한다. 나란 주체의 입장에서 용납이 안 되는 일은 결코 진실이라고 인정을 하지 못한다. 그러니 진실이란 말의 판단 기준은 다분히 주관적이 되는 것이다.

 특정 사건을 두고 이해관계에 얽힌 상태에서는 결코 진실을 표현할 수 없다. 모두가 자기 입장에 서서 기준을 갖고 사물이나 사건을 바라보기 때문이다. 그러므로 진실함은 두 가지의 조건을 만족시켜야 한다. 하나는 이쪽도 저쪽도 아닌 중립이어야 한다. 내게 불리하게 작용되는 내용일지라도, 내게 불이익을 초래한다 할지라도 진실은 진실로 있어야 한다.

 예를 들어 같은 반 아이 둘이서 어떤 문제로 싸움을 했다고 하자. 학교에 불려간 양쪽 부모는 말할 때마다 "우리 아들은 그런 아이가 아니다. 우리 아들은 거짓말을 못한다. 우리 아들은 한 번도 싸움이라고는 해보지 않았다. 우리 아들은 누구를 때릴 줄 모른다"는 말로 싸움의 발단이 상대방에게 있음을 강조한다. 설사 서로가 진실을 알고 누가 잘못해서 싸움이 발생되었는지를 다 알면서도 원인 제공자는 될 수 없다는 심정으로 진실을 외친다. 그러다 보니 아이들 싸움이 어른 싸움으로 번지고, 급기야는 철천지원수가 되어 다른 학교로 전학을 가야 하는 경우로 발전이 된다.

 일상에서 벌어지는 일뿐만이 아니다. 신성하고, 하나님의 뜻을 실천한다는 교회 내에서도 진실을 가리고 평소에 내가 잘 알거나 친분이 있는 사람의 편에 서서 의견을 관철시키는 경우가 종종 있다. 이는 진실의 첫 번째 조건인 중립성의 결핍 때문에 일어나는 왜곡이다.

뿐만 아니라 진실은 객관적이어야 한다. 누가 봐도 인정할 수 있는 것, 누가 생각해도 옳다고 인정할 수 있는 상태가 되어야 진실이라고 말할 수 있다.

예를 들어 어느 특정 사건이 내 생각에는 맞지 않고 부당하다고 여겨져도 대다수의 사람들이 인정하는 일이라면 진실일 확률이 높다. 내 생각은 주관적이고, 다수의 생각은 보다 더 객관적일 가능성이 높으니까 말이다.

그러나 불행히도 대부분의 사람들이 보는 진실이란 것은 객관성도 중립성도 없다. 만일 객관성과 중립성으로 걸러진 상태로 진실을 용납한다면 자신에게 불리한 일이 너무도 많이 발생되기 때문일 것이라서 그런지 모르겠다. 성경은 이런 우리에게 다음과 같은 충고를 주고 있다.

"남을 아끼는 마음과 진실된 마음, 이것을 버려서는 절대로 안 되니, 목에 드리우고 다니는 목걸이처럼 늘 달고 다니라. 네 마음 속에 이 둘을 꼭 새겨 두어야 한다"(잠 3:3).

"거짓은 눈 깜짝할 사이에 사라질 것이나 진실은 참으로 영원하리라"(잠 12:19).

너와 나의 꿈

사도행전 2:17에서 바울은 "하나님께서 말씀하셨다. 마지막 날에 나는 내 영을 모든 사람에게 부어주겠다. 아들과 딸들은 예언을 하고, 젊은이들은 환상을 보고, 나이든 사람들은 꿈을 꿀 것이다"라고 했다. 이 말씀은 구약성경 요엘서에 나온 내용을 인용하여 베드로가 설교한 말씀이다.

여기 나오는 세 단어 곧 예언, 환상, 꿈은 모두 미래의 사건에 관련되어 사용하는 단어이다. 베드로가 성령이 충만하여 선포하는 설교의 내용은 이렇게 미래를 바라며 살아가는 우리 성도들에게 환상과 꿈을 갖게 될 것을 말하는 것이다.

꿈이 없는 사람은 없을 것이다. 아마 꿈대로만 다 이뤄진다면 뭐 바랄 것이 있겠는가? 그래서 어떤 이들은 "꿈은 이뤄질 수 없는 일이기에 꿈이다"라고 말하기도 한다. 하지만 우리에게 꿈이 있다는 것은 그 꿈이 언젠가는 현실로 이뤄질 수 있는 가능성도 있음을 말해 주는 것임이 분명하다.

사도행전에서 베드로가 오순절날 예루살렘으로 올라오는 히브리인 디아스포라들을 향해서 설교를 했다. 헌데 베드로가 설교를 하는 시점이 당시 초대교회 성도들에게는 최악의 상황이었다. 예수님이 십자가 처형을 당한 지 얼마 안 되고, 예수님의 처형으로 사실상 기독교는 와해되기 직전이었다. 공식적으로 어느 장소에 모여 예배를 드릴 수도 없는 여건이었다. 그럼에도 불구하고 일단의 무리가 모여 기도하는 가운데 성령의 임재를 체험한 이들에게는 무서울 것이 없었다. 이유는 단 한 가지, 그들에게 미래의 꿈이 생겼기 때문이다.

현재 자신들의 위치에서 발생할 수 있는 박해나 고난이나 핍박만을 생각했다면, 그렇게 모일 수도 없었을 것이고, 베드로가 그 가운데 일어나서 설교할 수도 없었을 것이다. 그러나 초대교회 교인들과 사도들의 가진 꿈은 당시로서는 상상할 수 없는 결과를 오늘날 낳았다.

현재 전 세계 인구 가운데 천주교인을 포함한 기독교인의 숫자에 대한 통계를 보니 약 25억이나 되었다. 베드로가 오늘날 이런 결과를 예상하지는 못했을 것이지만, 적어도 예수신앙 때문에 박해와 순교를 당하지는 않을 세상이 반드시 올 것을 예견했을 것이라 믿어진다.

최근에 읽은 책 가운데 하워드 슐츠란 스타벅스의 회장이 쓴 책이 있다. 그 내용은 단순히 사업에 성공한 성공스토리 이상으로 많은 것을 느끼게 했다. 그의 책에서 가장 크게 와 닿는 것이라면, 하워드란 사람은 스타벅스의 회장이 될 만한 여건을 갖춘 인물이 아니라는 점이다. 그는 가난을 대물림하는 뉴욕의 빈민가에서 자라났다. 공부를 잘한 것도 아니고, 주변에 그를 돕는 사람이 있는 것도 아니었다. 그러니 하워드가 세계에서 가장 인지도가 높은 커피회사의 회장이 될 것이라고 그 누구도 상상하지 못한 것은 당연한 일이다. 실제로 하워드 자신도 그가 그런 자리까지 갈 줄은 몰랐음을 말했다. 그런 하워드가 현재 스타벅스 회장의 자리에 간 원인은 자기만이 고집하는 뭔가를 포기하지 않았기 때문이었다.

그가 스타벅스에 입사하던 당시 스타벅스는 시애틀에 몇 개 있는 구멍가게 수준이었지만, 그 작은 곳에서 하워드는 미래의 꿈을 펼칠 수 있는 뭔가를 보았다. 그 꿈으로 그는 현재에 안주하던 삶을 포기할 수 있었고, 과감히 새로운 길로 나갈 수 있었다. 현대의 성공한 한 사람으로 기억되는 하워드는 "비전이란 다른 사람이 보지 못하는 것을 먼저 깨닫는 것이다"는 말을 그의 책에 남겼다.

하워드가 교회를 잘 다녔던 사람인지, 신앙심이 깊었던 사람인지는 분명히 밝히고 있지 않았다. 하지만 나는 그의 책을 읽으며 그는 분명히 신앙심이 돈독한 사람일 것이라고 추측을 했다. 그의 책에 흐르는 사상이 성경의 내용을 많이 반영하고 있었기 때문이다.

꿈이라는 것은 보이지 않는다. 이뤄진다는 확신도 없다. 더구나 이뤄진다 해도 언제 이뤄질지 모르는 일이다. 그런데도 꿈을 꾸는 이유는 간단하다. 그 꿈이 보이지 않기 때문이다. 마치 우리가 믿는 하나님이 보이지 않는 분이듯 말이다.

만일 우리가 믿는 하나님이 보이시는 분이고, 우리 손으로 만질 수 있는 분이라면, 나는 그런 하나님은 안 믿으련다. 하나님이 하나님이신 이유는 그분이 우리 육체의 눈에 보이지 않기 때문이다. 그럼에도 불구하고 하나님을 믿는 것은 그분이 우리의 믿음의 눈 속에서 보이고 믿음의 가슴 속에서 들리기 때문이다.

앙드레 말로는 "오랫동안 꿈을 그리는 사람은 마침내 그 꿈을 닮아간다"는 말을 했다. 그 말을 앙드레 말로가 했든 누가 했든 그 속에는 참 좋은 의미가 담겨 있다. 모든 분들이 좋은 꿈을 꾸고, 그 꿈을 닮아가기를 소원해 본다.

인생을 아름답게 사는
사람의 행복(1)

타운에 있는 대부분의 교회에는 연세가 높으신 어른들의 비율이 타 지역에 비해 월등히 높다. 젊어서는 이런저런 이유로 타운을 떠나 살든지, 아니면 타 주에서 살다가도 거동에 제한을 느끼면 타운으로 이주해 오는 경우가 많으신 듯하다.

나이가 들며 차 운전이 힘들게 되어 일이 있을 때마다 자식들 아니면 누군가에게 도움을 받아야 하기 때문일 것이며, 병원이나 여러 복지 시설 혜택을 받는 것이 다른 곳에 비해 용이하기 때문일 것이며, 무엇보다 너무 춥지도 않고 너무 덥지도 않은 기후조건도 LA 한인 타운으로 노인들이 이주해 오는 이유가 될 것이라 짐작을 한다.

더욱 좋은 것은 젊어서 미국에 건너왔을 때는 먹고 살고, 자식들 가르치려 하다 보니 영어교육을 제대로 받지 못해 늘 영어에 대한 스트레스 내지는 영어를 배우고 싶은 열망이 있었는데, 타운에는 여러 곳에서 성인학교 프로그램을 제공하니 젊어서 못해 본 영어공부도 하고, 취미생활도 할 수 있는 이점도 연세 드신 어른들이 한인타운으로 모여드는 이유일 것이라고 생각한다.

미국에 사는 여러 소수민족 가운데 그래도 한인들이 정착하는 속도나 경제적 위치 등이 월등한 것은 이미 기력이 쇠진한 이민 1세대 어른들의 노고임을 부인할 수 없다. 그분들의 희생을 바탕으로 1.5세와 2세들이 자리를 잡을 수 있게 되었고, 미국인들과 어깨를 견줄 수 있는 위치가 되었다.

그렇게 미국에 정착하는 과정에서 눈물겹게 치러내야 했던 희생의 시간이 다 지나고 이제는 기력이 쇠진해졌는데, 그런 노고의 가치는 점점 희석되고, 요즘 젊은 것들은 저희들이 잘나서 미국에서 잘사는 줄 알고 있으니 기가 막힐 일이다. 반드시 알아달라는 것은 아니지만, 적어도 1세대의 희생이 가볍게 취급되지 않았으면 좋겠다.

다윗 왕은 평생을 고생과 수고로 산 사람이었다. 남들이 말하기에 믿음의 사람이니, 약속의 왕이니 하니 듣기는 좋은 말일지 모르지만, 정작 당사자는 하루하루, 한해 한해가 숨 가쁜 긴장의 연속이었다.

다윗은 왕이 되고자 하는 의지나 욕심이 있는 사람도 아니었다. 다윗에게는 들판에서 양을 치는 것이 훨씬 은혜로운 생활이었을 것이다. 여러 우여곡절을 겪으며 다윗이 왕이 되었다. 그런데 다윗이 왕궁에서 자리를 잡기도 전에 그의 아들 압살롬이 강력한 반군을 조직하여 반란을 일으켰다. 다른 사람도 아니고 자신이 낳은 아들이 반역을 일으켰는데도 아직 군대가 정비되지 않은 상태라 맞서

싸울 능력이 안 되었다. 그래서 할 수 없이 가슴의 눈물을 감추며 피난을 가야 했다. 누구에게 가서 도움을 청하기도 어려운 상황이었다. 그런 다윗을 아무런 조건 없이 도운 나이 80세의 바르실래란 사람이 있었다. 당시 상황에서는 상당한 고령의 나이인데, 그가 얼마나 행복한 노년을 보냈는지 모른다.

인생을 아름답게 사는
사람의 행복(2)

다윗 왕이 아들 압살롬의 반란으로 피난길에 오르게 되었다. 아들을 피해 도망을 가는 그 모양새가 얼마나 처량했을까? 그가 감람산 길로 올라갈 때에는 머리를 가리고 울며 갔는데, 그것도 맨발이었다고 했다. 그 모습을 본 백성들도 머리를 가리고 울었다고 사무엘하 16:30은 신문기사와 같이 자세하게 보도하고 있다.

다윗이 아들의 반역을 피해 비참하게 도망가는 것을 다 알았지만, 아무도 다윗과 그의 추종자들을 돕지 않았다. 물론 인원이 많기도 했지만, 괜스레 도와서 기세등등한 압살롬에게 미움을 살 필요가 없기 때문이다.

잘 나갈 때는 서로 와서 만나려고 했는데 막상 도망을 가는 처량한 신세가 되니 도움 받을 곳도 마땅치 않았다. 그런 절박한 상황에 있는 다윗에게 바르실래란 사람이 등장을 한다. 사무엘하 19:32에 "바르실래는 매우 늙어 나이 팔십 세라 저는 거부인 고로 왕이 마하나임에 유할 때에 왕을 공궤하였더라"고 했다. 바르실래는 80세의 노인이었다. 당시 상황에서 80세까지 사는 것은 쉬운 일이 아니었다. 그렇게 장수하는 데다 성품까지 바른 사람이라 다윗이 당하는 아픔을 모른 체할 수 없었다. 다른 사람들이 상황윤리를 앞세워 도울 사람과 돕지 말아야 할 사람, 가까이 갈 사람과 가까이 가지 못할 사람을 구분하는 마당이지만, 바르실래는 그런 것에 개의치 않고 정성을 다해 다윗 왕과 그의 식솔들, 신하들을 돌봤다.

다윗이 바르실래를 만나서 행복한 것인지, 아니면 다윗을 보살펴 주는 바르실래가 더 행복한 사람인지는 각자의 판단에 맡기겠다. 하지만 내가 보는 견지에서는 다윗이 느끼는 안도감보다는 바르실래가 평생 모은 넉넉한 재물로 어려움에 처한 왕을 도울 수 있다는 행복감이 더 클 것이라 생각한다.

어쨌든 그렇게 바르실래의 도움을 받으며 피난살이 하는 동안 압살롬은 죽게 되고 다시 다윗이 왕궁으로 돌아가게 되었다. 다윗으로서는 더할 수 없는 신세와 은혜를 바르실래에게 입은 것이다. 그래서 다윗은 바르실래에게 다음과 같이 제안을 했다. "왕이 바르실래에게 이르되 너는 나와 함께 건너가자 예루살렘에서 내가 너를 공궤하리라"(삼하 19:33). 자신의 말이 곧 법이 되는 세상에서도 은혜 입은 것을 갚을 줄 아는 다윗의 인간미 넘치는 성품이 엿보이는 장면이다.

대부분의 사람들은 평생 가도 한번 볼까말까 한 왕을 위해 자신이 가진 물질을 다 들여 피난을 하게 했으니 왕의 제안을 거절할 이유가 없다. 80의 노년 바르실래에게는 부귀와 영화를 누릴 수 있는 인생 최대의 기회였다. 그러나 바르실래는 거절을 한다.

"바르실래가 왕께 고하되 내 생명의 날이 얼마나 있삽관대 어찌 왕과 함께 예루살렘으로 올라가리이까"(삼하 19:34).

여기까지만 말하면 다윗 왕도 한 번쯤 일상적으로 하는 사양으로 여기고 또다시 가자고 권할 것 같아서인지 이번에는 구체적으로 다윗 왕을 따라가지 않을 이유를 댄다.

"내 나이 이제 팔십 세라 어떻게 좋고 흉한 것을 분간할 수 있사오며 음식의 맛을 알 수 있사오리이까 어떻게 다시 노래하는 남자나 여인의 소리를 알아들을 수 있사오리이까 어찌하여 종이 내 주 왕께 오히려 누를 끼치리이까"(삼하 19:35).

80의 나이에 세상 사람들이 좋다고 하는 것을 누려본들 그게 무슨 소용이 있느냐는 말이다. 인생의 모든 경륜을 다 통달한 노인의 깊은 마음을 보게 한다. 자신을 위한 다윗의 요청을 정중히 거절한 바르실래는 다윗 왕에게 다른 부탁을 한다.

"청컨대 종을 돌려보내옵소서 내가 내 본성 부모의 묘 곁에서 죽으려 하나이다 그러나 왕의 종 김함이 여기 있사오니 청컨대 저로 내 주 왕과 함께 건너가게 하옵시고 왕의 처분대로 저에게 베푸소서"(삼하 19:37).

바르실래는 남들이 누릴 수 없는 수를 누리니 더 이상 원이 없고, 부모가 묻힌 고향에서 죽을 준비를 하며 살겠다고 했다. 대신 아직 세상을 더 살아야 할 아들을 데려가 달라고 부탁을 한다. 아들을 사랑하는 부모의 마음도 엿볼 수 있다. 부족하지도 않고 더하지도 않고, 모나지도 않고 두드러지지도 않고, 다른 사람의 말에 현혹되지도 않고 남의 말을 하지도 않는 그 모습은 인생을 인생답게 살아가는 아름다운 모습일 것이다.

실력은 짧은 시간에도 쌓을 수 있다. 그러나 경험이란 것은 오랜 시간이 지나야만 얻을 수 있는 것이다. 이민 1.5세나 2세들이 아무리 미국사회 속에서 교육을 잘 받고, 일을 잘한다 해도 그들에게 부족한 것은 1세대들이 맨주먹으로 쌓아 올린 경륜일 것이다.

한인 타운에 많은 수를 차지하는 어른들이 한인사회 속에서 열심히 살아가는 다음 세대들에게 바르실래와 같은 경륜의 모습을 보였으면 좋겠다. 그리하여 장수하는 어른들을 바라보며 더 한층 알차게 자리를 잡아가는 다음 세대가 되어갈 수 있기를 간절히 소망해 본다.

관계성의 신비로움

사람이 사는 것은 관계성의 연속이다. 도움을 주기도 하고 받기도 하는 관계성, 사랑을 하기도 하고 사랑을 받기도 하는 관계성 말이다. 이런 관계성은 가정을 이루고, 집단을 이루고, 사회를 이루는 기초가 되는 과정이다. 이런 관계성의 가장 근본은 서로의 관계를 원만히 이뤄가는 노력이 있어야 가능한 일이다.

예를 들어 한 남녀가 사랑을 고백하는 깊은 관계가 되어 결혼을 하게 되었다 하자. 사실 결혼이란 의식은 알다가도 모를 일이다. 전혀 어울리지 않을 것 같은 두 사람이 결혼을 통해 한 몸으로 사는 것은 불가사의한 일이다. 이런 불가사의한 일이 관계란 끈으로 묶이게 되어 결실을 보게 된다. 문제는 결혼 자체가 중요한 것이 아니라 그 다음이 더 중요하다.

결혼 전에 달콤한 사랑을 속삭이던 때를 생각하고 과거 이상의 대우를 기대했다가는 문제가 일어나기 십상이다. 과거에는 약속 시간이 넘어도 불평 없이 기다려주고, 맛이 없는 음식도 잘 먹어주고,

대충 차려도 이해하더니 결혼 한 다음에는 완전히 변해서 사사건건 트집을 잡거나 불평을 한다고 아우성이다. 이런 줄 몰랐다느니, 이제 보니 완전히 두 얼굴의 사람이라니, 속아서 결혼했다느니 야단이다.

이런 부부가 깨닫지 못하는 것이 있다. 부부라는 끈으로 이어졌다는 것은 하나의 관계성의 테두리에 들어갔다는 말이다. 그러니 과거 사랑을 속삭이던 연인의 수준을 기대하고 있어서는 안 된다. 적어도 내가 받은 만큼, 아니 그 이상을 주는 노력이 요구된다.

과거에 내가 약속 시간에 늦게 나가도 이해하고 참아줄 수 있었던 것은 연인이라는 테두리에 머물러 있었기 때문이다. 또 입에 맞지 않는 음식이라도 맛있게 먹어주고, 대충 차려도 아름답다고 말해 줄 수 있었던 것은 구속력을 가진 테두리로 형성이 되어 있지 않았기 때문이다.

하지만 일단 결혼을 했다면, 그 순간부터는 연애 시절과 다른 현실로 옮겨지는 것이다. 결혼의 순간부터는 "나"란 주체에 상응한 비중을 "너"란 객체에 둬야 하는 무언의 의무가 뒤따른다. 받는 데 행복을 느끼고, 받음으로 기쁨을 찾고, 받음으로 사랑을 느끼던 과거로부터 변화되어야 한다. 부부라는 새로운 자리에서부터는 새로운 관계성을 형성하는 단계로 들어가는 것이다. 비록 같은 사람일지라도 연인이 아닌 부부로서의 만남이고, 부부로서의 삶이 되는 것이다.

오늘날 대다수의 젊은 세대가 결혼을 한 지 얼마 안 되어 이혼을 하는 비율이 점점 높아지는 이유는 간단하다. "나" 위주의 관계성을 극복하지 못하기 때문이다. 이런 관계성은 비단 부부사이에만 적용되는 것은 아니다. 모든 사회생활이 다 관계성을 바탕으로 이루어지는 것이다. 그런데 이상한 것은 학력의 수준이 높아지고, 문화적인 수준도 높아지고, 빠르게 변해가는 세상이어서 그런지 모르지만, 사람들은 점점 "나"란 주체에 집착을 하고 있다. 그러다 보니 너와 나의 관계를 유지하기 위한 의리니 신의니 하는 말은 찾기조차 어렵다.

직장의 이직이 잦은 것도, 어느 한 가지 일에 몰두하지 못하고 이 일 저 일로 직업을 자주 바꾸는 것도, 결혼을 해서 한 사람과 살을 맞대고 사는 데 만족하지 못해서 내게 맞는 사람을 찾아다니는 것도 어쩌면 관계성에서 실패하고 있기 때문일 거라 생각한다.

자기가 사랑한다고 고백한 그 한 사람을 위해 평생을 바칠 수 있는 사람, 자기가 좋아하는 일에 평생을 거는 사람, 자기가 선택한 직장을 위해 온 힘을 쏟을 수 있는 사람, 그런 사람을 만날 수만 있다면 그보다 더한 행복은 없을 것이다. 이런 사람과 관계를 갖는 것은 그 사람을 아는 자체만으로도 기쁨이기 때문이다. 그런데 그런 사람을 찾기가 점점 힘이 드는 것 같다. 세상이 변해서인지 내가 변해서인지 모르겠다.

어머니의 의미

대부분의 교회가 미국 절기에 따라 5월의 둘째 주일을 Mother's Day로 지킨다. 일 년에 한 차례 있는 어머니날이 그나마 존재하는 이유를 댄다면, 적어도 일 년에 한 번이라도 어머니를 생각하자는 마음에서 재정된 것이 아닌가 생각한다. 그리고 어머니날이 아버지날보다 앞서서 있는 것을 보면, 미국 사람들이 개인주의적이고, 이성적이라 해도 어머니에 대한 감정은 우리네와 비슷하기 때문이라는 생각이 든다.

우리 정서에서 어머니는 가련하고 애틋하다. 우리가 봐온 어머니는 늘 희생 그 자체였기 때문이다.

"나실 제 괴로움 다 잊으시고, 기르실 제 밤낮으로 애 쓰는 마음 진자리 마른자리 갈아 뉘시며 손발이 다 닳도록 고생하시네. 하늘 아래 그 무엇이 높다 하리요. 어머님의 희생은 가이없어라."

이 노랫말처럼 어머니는 언제나 희생의 자리에만 계셨던 분이다. 한국 정서를 갖고 있는 분이라면 어머니의 노래를 아무런 감정 없이 처음부터 끝까지 부를 사람은 별로 없을 것이다. 그만큼 어머니는 희생과 헌신으로 자신을 태워가며 자식을 키우고 가르쳐 준 것이다.

요즘 어른을 무시하고, 부모 공경이라는 말을 무슨 옛날 호랑이 담배 먹던 시절의 이야기로 묻어버리려는 이들도 있다. 나는 그들의 주장이나 말이 본심이 아니라고 생각한다. 인간의 기본 마음은 동서고금을 막론하고 비슷하기 때문이다. 먹고 살려다 보니 어쩔 수 없이 부모를 생각할 겨를도 없고, 자식새끼 키우려다 보니 부모를 찾아볼 시간적 여유가 없어서 그럴 뿐이지, 누구든 자식이라면 어머니를 생각할 것이다.

그런데 참 안타까운 일은 철이 들어 어머니의 희생의 모습을 깨달을 때쯤 되면, 그 어머니는 거동이 불편한 노인이 되어버렸거나, 아니면 이미 이 세상 사람이 아닌 것이 한스럽다. 어느 정도 살 만큼 되고, 자식새끼 다 키워놓고 주위를 돌아볼 여유가 생겨 못 다한 효를 해보려고 할 때쯤 되면, 이미 부모는 이 세상 사람이 아니거나 아니면 수족을 제대로 쓰지 못하는 꼬부랑 노인이 되어 있는 것이다.

더군다나 철이 들지 않는 자식 때문에 늘 가슴을 치며 기도하며 기다리시던 어머니에게 효도 한 번 못해 보고 세상을 떠나보낸 자식은 평생에 그 마음 한 구석에 죄의식을 갖고 살아갈 것이다. 하긴 그런 마음이라도 남아 있다면, 애당초 어머니 마음에 못을 박지는 않았겠만...

지난달에 한국에 사시는 어머니께서 다녀가셨다. 이제 겨우 80밖에 안 되셨는데도 젊어서 자식들 뒷바라지하시느라 등이 휘도록 고생을 하셔서 그런지 너무나 늙어버리셨다. 그동안 선교사로 사역을 하다 보니 우리 집에 모시지 못한 것이 8년이 넘어버렸다. 긴 시간을 보내며 어머니에 대한 죄송스런 마음을 금할 길이 없었던 차에 오신 어머니가 무척이나 반가웠다.

어머니가 오시면 좋은 곳에 구경도 시켜드릴 요량으로 관광 안내 책자를 사서 여러 곳을 봐 뒀다. 그런데 막상 만난 어머니는 너무나 늙어버리셨다. 더구나 아들 보기만을 고대하는 마음에 13시간을 비행기에 앉아 있어서 다리에 무리가 와 며칠간을 다리를 절며 다니시는 어머니의 뒷모습이 너무나 안 되어 보였다.

결국 한 달의 짧은 기간 동안 막내아들과 사시며 좋은 곳도 갈 곳도 많은 미국 구경 한 번 못해보시고, 하루 종일 우두커니 아들 오기만을 기다리며 정원 손질로 소일을 하시다가 한국으로 가셨다. 공항에서 작별 인사를 나누며 혼자만 계시게 해서 죄송하다고 하니까 어머니는 "너 기다리는 시간이 행복했다" 하시며 안아주셨다.

세월이 너무나 원망스럽다. 세월은 내 어머니를 꼬부랑 할머니로 만들어 놓았다. 하지만 그 어머니가 마음속에 늘 있어서 그나마 다행스럽다.

부부관계

지구상에서 가장 가까운 인간관계를 말하라면 단연코 부부일 것이다. 전혀 다른 인생의 여정을 걸어가던 남녀가 어느 계기를 바탕으로 만나서 사랑을 고백하고 급기야 결혼이라는 끈으로 엮여진 만남은 하나님의 축복이고, 인류의 역사를 이어가는 위대한 관계가 되는 것이다. 이런 부부관계를 산수의 셈으로 표현하자면 1+1=2라는 덧셈보다는 1x1=1이라는 곱셈에 해당이 될 것이다. 배경과 환경과 사고가 다른 객체가 만났지만 서로 한 몸, 한 뜻을 담아 자녀를 생산하고, 유복한 가정을 만들기 위해 서로 노력하며 살아야 하기에 그렇다.

그러므로 부부의 관계는 상하나 주종의 관계가 될 수 없다. 둘 다 평등한 관계에서 만남을 이루고, 그 만남을 승화시켜 나가는 노력이 있어야 한다. 이런 부부 관계를 잘 유지해 나가면, 당사자만 좋을 뿐만 아니라 자녀들도 자연스레 영향을 받게 되어 온 집안이 평안하게 될 것이며, 나아가서는 사회가 안정되게 될 것이다.

그러나 요즘 남녀의 성 차별이 없어지고, 여성의 사회 진출이 두드러지면서 나타나는 양상 가운데 하나는 남성, 특히 가장의 위치가 점점 약화될 뿐만 아니라 그 역할 자체가 흔들리고 있는 듯하다. 하긴 과거 가장의 힘에 눌려 지내던 시절에 비교해 보면 아무것도 아니지만, 그래도 어쩐지 요즘 가장들이 안 돼 보인다. 뭐 그렇다고 남성 편력이 심해서 여성은 무조건 남성보다 아래에 서야 한다는 주장은 결코 아니다. 남편은 남편대로, 부인은 부인대로 한 가정을 이루며 담당하던 역할의 한계가 무너짐과 동시에 가장들의 자리가 흔들리고 있다는 것뿐이다.

다른 방향으로 부부관계나 가족의 구성을 생각해 보면, 그동안 남성들은 가장의 자리를 점유하고, 경제권을 등에 업고 부인과 자녀들 위에 군림했던 과거를 인정해야 할 것이다. 그런 과거에 비춰 보면, 오늘날 여성들이 경제의 상당 부분을 담당하고, 남성이 집안일을 관여하는 시간이 많아진다고 잘못된 것은 아니다. 언제든지 상황에 따라 그럴 수 있다. 어쨌든 남편과 부인, 또는 가장과 가족 구성원의 역할을 칼로 무 자르듯 나눌 수는 없는 현실에 있음을 인정한다.

이럴 때 사도 바울이 주는 부부 관계의 가르침을 생각해 본다. 에베소서 5:22-23에 보면 "아내들이여 자기 남편에게 복종하기를 주께 하듯 하라. 이는 남편이 아내의 머리됨이 그리스도께서 교회의 머리됨과 같음이니 그가 친히 몸의 구주시니라"고 했다.

성경은 부부관계에서 순종이라는 부드러운 표현보다는 복종이라는 강한 어조로 부인이 남편을 대해야 할 것을 강조하고 있다. 그런데 그 비유를 성도가 예수 그리스도께 절대적으로 복종하듯 하라는 것이다. 어찌 보면 바울은 독신으로 살았으면서도 당시 가부장적 사회적 분위기에 거스르지 않았던 듯하다.

그러나 이런 우려는 바로 다음절에 가면 해결이 된다. 5:25에 가서는 남편들이 부인을 대할 때 "남편들아 아내 사랑하기를 그리스도께서 교회를 사랑하시고 위하여 자신을 주심같이 하라"고 했다. 주님은 교회를 사랑하실 때 그 사랑의 정도가 교회를 위해서 자신을 희생했기에, 남편이 아내를 사랑한다고 할 때에도 그 정도로 해야 한다고 하는 것이다. 이 정도의 부부관계가 이뤄질 때 거룩하고 흠이 없는 아름다운 관계가 됨을 강조하고 있다.

아내는 남편에게 복종하고, 남편은 자신의 몸을 온전히 희생하는 각오로 아내를 사랑하는 사이라면 누가 먼저고 나중이며, 누가 위이고 아래라고 다툴 일이 없을 것이다. 이런 관계 형성이 이뤄지지 못한 상태가 되다 보니 자기주장과 권리만을 내세우게 되어 결국 부부의 관계가 단절이 되거나 건조하게 되는 것이다.

오케스트라의 연주는 어느 특정인 하나가 잘한다고 좋은 음악을 만들어 낼 수 없다. 모두가 자기의 독특한 소리를 내면서도 다른 사람의 소리를 귀담아 들으며 맞춰 나갈 때 하모니를 만들어 낼 수 있듯이, 부부의 관계도 바울이 가르치는 대로 복종과 자기희생의 마음을 갖고 있다면 하나님이 세우신 아름다운 부부, 복된 부부, 멋진 부부로 살아갈 수 있을 것이다.

내 삶의 소중한 한 사람

신학교를 다닐 때였다. 신학교를 반대하는 집안의 만류를 뿌리치고 일명 사명감에 불타서 내 주장으로 신학교에 입학한 후로 집에서 지원을 해주지 않아 참 힘든 시간을 보냈다. 공부보다는 학비와 생활비 조달로 인해 이만저만 어렵지 않았다. 낮에는 학교에서 공부하고 밤에는 언제나 일을 해야 했다.

신학생으로 일자리를 찾다보니 그것도 쉬운 것이 아니었다. 음악을 좋아한 나는 당시 유행하는 팝송은 거의 메모를 해서 들을 만큼 팝송을 좋아해서 음악다방의 DJ로 일해 보려고 해도 신학생이란 신분이 용납이 안 되었다. 그러다가 찾은 일이 야간 주유소에서 주유원으로 일하는 것이었다.

저녁때와 아침을 제외하면 한밤중에는 거의 손님이 없어서 공부하기가 안성맞춤이라 주유소 일을 상당 기간 동안 했다. 낮에는 공부하고 밤에는 어김없이 주유소를 나가야 하는 고단한 시간을 꽤 오래 보냈다. 그래도 밤에는 공부할 시간이 되어서 성적 장학금도 여러 번 타게 되었다.

　그렇게 한동안 공부와 일에 미쳐 살다가 몸이 견뎌나지를 못하고 어느 겨울의 문턱에서 몸살이 나게 되었다. 정말 꼼짝도 할 수 없을 만큼 아파도 누워 있을 수만 없는 형편인지라 몸살감기로 드러눕는다는 것이 사치스럽기도 했다. 돈에 쪼들리다 보니 구호품 라면으로 하루 세 끼를 때우고 사는 형편에서 몸을 보신할 수 있는 음식을 먹는 것은 꿈에도 생각할 수 없었다. 겨우 라면에 계란 하나 넣는 것만으로도 감지덕지했다. 그렇게 며칠을 아프면서도 학교와 일터를 빠질 수 없어서 억지로 버텨갔다.

　그렇게 힘들게 몸살감기와 싸우며 지내다가 금요일 날 주유소 일을 끝내고 수업이 없는 토요일 날 마음먹고 잠을 잤다. 아마 20시간 정도 잔 것 같았다. 그렇게 자고 나니 몸이 조금 가벼워지는 것 같았다. 하지만 기운이 없으니 라면을 끓일 수가 없었다. 허기진 배를 움켜쥐고 겨우 일어나는데 누군가 자취방 문을 두드렸다. 그 시간에 나를 찾아올 사람이 있을 리가 없었다. 학교 수업만 끝나면 어김없이 주유소에 가서 일을 해야 하는 형편인지라 조금이라도 시간이 생기면 도서관에 묻혀 공부와 씨름하는 내 입장에서는 동기생들과 차 한 잔 할 수 있는 시간도 돈도 없었고, 데이트는 꿈에도 생각하지 못했다. 그러니 자연히 늘 외톨이였고, 그런 내가 아프다고 누구하나 거들떠 볼 사람이 있을 리 만무했던 상황이었다.

　어쨌든 문을 두드리니 일어나지 않을 수 없어서 억지로 일어나 문을 열었다. 그런데 문 앞에 후배 여학생이 손에 냄비를 들고 서 있는 것이었다. 이해가 안 되어 한참 그렇게 문을 잡고 서 있으니, "얼굴이 너무 안 돼 보여 죽을 끓여왔노라"며 냄비를 들고 부엌으로 들어

가는 것이었다. 그러더니 석유곤로를 켜서 죽을 데워갖고 상을 차려 방에 들여놓고는 몸조리 잘하라며 곧 바로 가는 것이었다.

연탄 살 돈이 없어서 냉기가 도는 차가운 방에 이불을 둘둘 말아 쓰고 앉아서 덩그러니 죽 한 그릇이 올라있는 밥상을 보노라니 눈물이 앞을 가려 도무지 먹을 수가 없었다. 그렇게 힘들게 살아가는 내 인생이 불쌍하기도 하고, 오죽 내가 안 돼 보였으면 후배 여학생이 죽을 가져왔을까 생각하니 서럽기도 했다. 그런데 진짜 내 마음은 정말 오랜만에 누군가가 차려주는 밥상이 그렇게 고맙고 감사할 수 없었다.

집도 가족도 없는 고아같이 명절에도 고향을 가지 않고 학교 기숙사에 덩그러니 혼자 남아 지내야 했던 당시의 상황에서 그녀의 죽 한 그릇은 그 무엇과도 바꿀 수 없는 소중한 고마움이었다. 그 순간부터 내 마음속에 그녀가 자리를 잡았다. 내가 결혼을 해야 하는 날까지 그 여학생이 혼자 있게 된다면 꼭 그녀와 결혼을 하고 싶다는 마음을 먹게 되었다. 지금 생각하면 참 황당무계한 생각이었다. 가난한 신학생에다가 미래도 보이지 않는 나 같은 사람에게 누가 오겠냐마는 하나님이 주시는 기회라면 나는 그녀와 함께 인생을 살겠다고 결심을 했다.

그리고 그녀는 지금의 내 아내가 되었다. 젊어 고생은 사서도 한다 하지만 너무나 힘들어서 누구든 그런 말 하는 사람은 보고 싶지도 않을 정도였는데, 내 삶의 한 구석에 다가와 따뜻한 마음을 주었던 그 후배 여학생이 내 삶의 영원한 동반자로 살게 된 것이다. 나만의 행복이지만, 나의 행복을 나누고 싶어서 잠시나마 지나간 내 삶의 한 부분을 소개해 본다.

청소년 비행과 탈선, 누구 책임인가?

신문의 사회면에 거의 매일 나오는 뉴스 가운데 하나는 청소년의 비행에 관한 기사이다. 한 밤중에 강도사건이니 폭력사건이니 마약거래사건이니 갱에 연루된 사건 등등 헤아릴 수 없는 사건들에 몇몇의 한인 청소년이 연루되고 있는 실정이다.

최근 들어 가장 심각한 문제는 청소년들에게 급속하게 약물과 마약에 관련된 사건들이 빈번하다는 것이다. 이제는 정말 갈 데까지 간 것 같다는 비관적인 심정도 든다. 이런 청소년의 선도를 위해 여러 기관들이 타운에 존재하고 있다. 청소년의 정신을 바르게 한다는 취지로 세워진 여러 봉사기관, 찬양과 말씀으로 양육해야 한다는 취지로 다양한 프로그램을 운영하는 종교기관 등이 있다. 그런데 이런 기관이 다양하게 생겨나는 것과 비례해서 청소년의 탈선은 가속도를 더하는 것 같다.

청소년 탈선의 원인을 찾는다면 여러 각도로 말할 수 있을 것이다. 먹고살기 바쁜 부모들이 제대로 돌보지 못한 책임도 있고, 본인이 목적의식을 갖고 노력하지 않은 탓도 있다. 누구에게나 어려운 환경은 있게 마련인데, 환경을 탓하고 잘못된 길을 선택한 책임은 전적으로 청소년 각자에게 있다고 해도 할 말은 없다.

그런데 참 아이러니한 것은 청소년을 탈선의 길로 조장하거나 그런 분위기를 만드는 것은 청소년 자신들이 아니라는 것이다. 그 청소년들이 무슨 경제력이 있어서 마약을 거래하고, 유흥업소를 운영하고, 퇴폐적인 사업을 할까? 청소년들이 이용하는 탈선의 장소를 제공하는 것은 청소년 자신들이 아니라 결국 어른들이라는 것이다. 어른들이 청소년의 심리를 조장하여 돈을 벌어들이고, 탈선의 길로 내몰면서, 한편으로는 청소년의 탈선을 염려하고 있는 것이 현실이다. 그러면서 비행청소년을 선도하겠다고 무슨 기관도 생기고 무슨 활동도 하니 어딘지 말이 맞지 않는다.

특히 비행의 길로 나가는 청소년 가운데 대다수가 종교단체나 자선단체와 깊이 관련된 부모의 자녀들이라는 현실은 가벼이 넘길 일이 아닌 듯하다. 남을 선도하고, 잘못 가는 사람을 바른 길로 인도하는 일을 위해 시간을 투자하고, 도네이션도 하고, 무슨 거창한 행사도 벌이고, 그래서 대문짝만하게 신문에 얼굴도 내미는데 정작 그 자녀는 어떠하냐는 말이다.

내 집에 있는 내 자녀를 생각한다면 보내고 싶지 않거나 가르치지 않고 싶은 그 일을 자신의 안위와 금전적 이익을 위해 서슴지 않고 자행한다면 그 어른이 먼저 선도되어야 하고, 그 어른이 먼저 반성해야 할 일이다.

돈 버는 일 좋다. 개같이 벌어서 정승같이 쓴다는 말도 이해된다. 어떤 방법으로 돈을 벌든 그것은 자유이다. 자유를 바탕으로 세워진 미국에서 보장된 자유경제의 시장 원리에 하등의 문제가 없다. 하지만 그 자유 뒤에 따르는 도덕적 책임 내지는 사회윤리까지 팽개쳐서는 안 될 것이다.

　내 자식 귀하다면 남의 자식도 귀하다. 자기 자식이 인생의 가장 중요한 청소년기에 탈선하지 않고 잘 지내주기를 바란다면 나뿐만 아니라 모든 부모들의 심정이 같다는 아주 당연하고 상식적 수준의 도리를 버리지 말았으면 좋겠다. 사업을 하더라고 좀 도덕적으로 부끄럽지 않도록, 돈을 벌어도 떳떳하게 벌수 있는 방향을 택했으면 좋겠다. 그래서 자식이 자랑할 수 있는 부모, 한인 청소년들이 자랑할 수 있는 우리 한인 어른이 되었으면 좋겠다. 그러면 굳이 기관이 설립되어 청소년을 선도한다고 떠벌리지 않아도, 심지어 청소년들에게 잘못된 길로 가라고 내몰아도 우리가 걱정할 일은 더 이상 발생하지 않을 것이다.

기러기 가족의 슬픔(1)

가족이라는 말은 여러 가지로 표현된다. 한 식구, 한 지붕, 한 울타리, 한 피, 한 씨, 한 공동체, 한 솥밥을 먹는 사람들 등등 보는 관점과 입장에 따라 다양하게 표현된다. 이외에도 가족과 관계된 단어를 찾아보면 더 많을 것이다.

가족과 관계된 단어의 공통점을 보면 "한"이란 말이 접두사로 첨가가 된다는 점입니다. 한글에서 "한"이란 말은 대개 1) 크다, 2) 하나, 3) 가슴에 응어리진 상처 등을 말할 때 쓰이는데, 그 중에서 가족 앞에 쓰이는 접두사로서 쓰이는 한은 "하나"라는 의미이다.

가족을 두고 하나라고 하는 의미는 비단 한국 사람들의 문화 속에만 자리잡은 말은 결코 아니다. 사람 사는 곳이라면 어디를 가든 가족은 하나의 개념을 두고 있다. 마치 우리 몸의 각 기관이 서로 명칭은 달라도 한 몸에 붙어 있는 것과 비슷한 형태가 가족이다.

성경도 하나님이 아담과 하와를 창조한 처음 순간부터 가족의 의미를 부여할 때 하나의 의미를 부여했다. 창세기 2:24에 "이러므로 남자가 부모를 떠나 그 아내와 연합하여 둘이 한 몸을 이룰지로다"는 말씀으로 하나님은 아담과 하와를 창조하신 성경역사의 초창기부터 가족의 개념을 강조하셨다.

예수께서도 마태복음에서 가족의 의미는 "분리할 수 없는 하나"임을 강조하셨다. 마태복음 1:9에 보면 바리새인들이 예수께 와서 가족, 그 중에서도 부부관계에 대한 날카로운 질문을 했다. 물론 그 질문은 예수님을 시험하기 위한 방편이지만 말이다.

그 질문의 내용은 "남편이 부인을 버리는 것이 옳으냐" 하는 것이었다.

이때 예수님은 당신의 개인적인 의견이 아니라 세상을 창조하신 하나님 아버지의 역사적인 사건을 들어서 답변을 하시는데, 하나님이 본래 남자와 여자를 만드시고 부부의 연을 맺도록 했다고 선포했다. 이때 부부가 되기 위해서는 부모를 떠나서 새로운 가정을 만드는 것이 전제됨을 말씀하셨다. 그래서 새롭게 부부가 된 가정은 둘이 아니라 하나라는 것이다.

요즘은 세태가 변해서 결혼도 어렵지 않고, 이혼도 어렵지 않게 이뤄진다. 결혼이 인륜지대사라는 말은 옛말이다. 내가 사랑하면 같이 살고, 살다가 뜻이 맞지 않으면 갈라서는 것이 좋다는 생각이 점점 당연시 되고 있다. 대부분 상대방의 배경과 성격을 제대로 알지 못하고 겉으로 나타나는 현상만으로 판단하여 결혼을 하게 되는데, 그러다 보니 성격의 차이가 너무 커서 같이 사는 것보다는 헤어지는 것이 서로를 위해 더 나을 경우도 있다.

그렇다고 이혼이 우리 삶에 정당하다는 논리는 아니다. 반대로 이혼이 나쁘다든지, 이혼은 절대 불가라는 고리타분한 말을 하고자 하는 것도 아니다. 같이 사는 것보다 헤어지는 것이 서로를 위해 더 좋을 때는 그럴 수도 있다. 이런 성격의 차이나 사고의 차이나 습관의 차이로 인해 서로를 감싸며 한 지붕에서 살을 맞대고 살기 어려워 상호 협의 하에 헤어지는 것은 오늘날의 세태이니 이해가 된다.

 정작 납득이 안 가는 것은 서로 한 가족이고, 호적상 적법한 부부임에도 불구하고 헤어져서 적게는 한두 해, 길게는 십수 년을 떨어져 사는 부부와 가족이 있다는 것이다. 그것은 바로 요즘의 세태에 점점 그 수가 늘어나는 일명 '기러기 가족'이다. 이혼이라는 것이 서로 살을 맞대고 살다가 더 이상 안 될 때 발생되는 행위라면, 기러기 가족은 가족의 더 나은 미래나 더 나은 자녀교육을 위해서 협력과 희생을 바탕으로 헤어지는 것이다. 좋은 목적을 위해 헤어지는 일임에도 불구하고 가족 붕괴 내지는 가족 갈등 야기의 원인제공자로 점점 불거지는 기러기 가족의 아픔은 그들 가족들만의 문제라고 방치하기에는 그 수위가 지나치다.

 자녀를 낳아 잘 기르고 싶은 마음은 모든 부모들의 공통된 소망일 것이다. 그래서 자녀들을 위해서는 어떤 고생이나 수고도 감내할 수 있다. 이런 부모의 마음이 미국과 한국에 한 가족 두 가정을 만든 기러기 가족을 낳게 했다.

 엄격한 의미로 기러기 가족은 가족이라 할 수 없다. 말만 가족이지 실제로는 가족의 여건으로 충족해야 할 여건을 상당 부분 상실했기 때문이다. 들어보니 웬만한 한국의 중견회사 간부급들이나 남들이 먹고 살 만한 집이라고 인정하는 가족 치고 기러기 가족 아닌 사람이 없다 하니 미래가 참으로 걱정스럽다.

 '기러기 가족'이란 신조어가 생긴 지 벌써 오래되어서 이제는 일반 대중에게 익숙한 단어가 되어버린 일은 우리 같은 약소민족 국민들이 겪어야 하는 아픔이며, 이런 아픔은 결코 남의 일이라 방관할 수 없다.

기러기 가족의 슬픔(2)

언론 매체에 기러기 가족에 대한 이야기가 심심찮게 등장을 한다. 대부분의 기사는 부정적인 내용을 담고 있다. 아내와 자녀들을 다 보내고 홀로 일하며 지내는 가장의 가슴 아픈 이야기뿐만 아니라 자녀들의 장래를 위해 조기 유학의 길을 선택했는데, 그 선택이 맘같이 쉽지 않은 이민생활의 아픔들이다.

유학을 위해 먼 길을 떠난 부인과 자녀들의 경제적 뒷받침을 위해 열심히 일하기는 하지만, 일을 끝내고 집에 가봐야 썰렁한 가구들만이 집을 지키고 있으니, 그게 어디 가족이 사는 집이라 할 수 있겠는가?

헤어진 날이 점점 길어질수록 처자식 생각에 집에 들어가는 것보다는 차라리 밖에서 시간을 보내는 것이 그나마 집 생각을 덜 하게 되어 방황하는 시간이 점점 많아진다. 그러다 보니 삶의 의욕을 잃어가고, 그 여파로 직장생활에 집중을 못하게 되니 치고 올라오는 후배들을 당해낼 재간이 없게 된다. 그래서 결국에는 조기은퇴의 길을 택하거나 아니면 다 정리하고 가족을 따라 해외로 나가거나 아니면 조그만 사업을 시작하게 된다.

하지만 준비도 없이 가족이 있는 해외로 나간들 거기서 할 일이 없으니 방황하는 삶은 계속되고 결국 인생의 패배자가 되고 마는 결과를 낳게 된다. 또 새로운 사업을 한들 충분한 사업 준비를 하지 못하고 뛰어든 사업이 잘될 리 만무하다. 이래저래 다 잃고 난 후 느끼는 것은 결국 기러기 가족이 되기를 선택한 것이 잘못된 판단이라는 후회뿐이다.

유학을 떠난 가족이라고 편할 리 없다. 처음 얼마간은 자녀들도 열심히 공부하고, 부인도 남편이 보내는 생활비를 쪼개 쓰며 알뜰한 살림을 하지만, 기둥이 없는 집이 편안할 수 없다. 자식들은 미국생활에 적응해 가면서 어머니의 눈에서 점점 멀어져 가고, 영어를 모르는 입장에서 자식들의 말을 믿지 않을 수도 없어서 자식들 말만 듣고 살다가 어느 순간에 자식들이 잘못된 길을 가는 것을 알면서도 어찌할 수 없는 상황에 빠지고 만다. 야단쳐 봐야 듣지도 않고, 그러다 보니 자식들과는 점점 멀어져 간다. 자식 입장에서도 아버지와 떨어진 시간이 길다 보니 어쩌다 한두 번 보는 아버지가 이제는 더 이상 아버지의 모습이 아니다.

부인은 부인대로 처음에는 열심히 살아볼 요량으로 자녀 픽업을 마치면 이민자들의 영어교육을 위해 제공된 성인학교라도 나가서 영어를 배우고, 취미교실이라도 다니다가 어느 날 몰려오는 외로움과 고독감에 몸서리치며 한번 빠져든 잘못된 길로 걷잡을 수 없이 가게 되는 일들이 다반사로 일어난다.

결국 기러기 가족으로 살면서라도 자식의 미래를 위해 재물도 투자하고 인생도 투자를 했건만 돌아오는 것은 가족의 분열 아니면 서로간의 불신, 개인의 파멸이다.

이런 일들이 다반사로 일어나면서도 여전히 기러기 가족은 늘어만 간다. 그럴 수밖에 없는 한국의 교육 현실에 한숨이 절로 나온다. 하지만 이런 기러기 가족은 단순히 한국의 교육 현실 때문이라고만 말하기도 쉽지 않다. 누구는 그렇게 하는데 우리가 하지 않으면 경쟁에서 뒤질 것이라는 강박관념이나 경쟁의식이 기러기 가족을 부추기는 한 요인도 될 것이다.

가족이란 "한 식구, 한 지붕, 한 울타리, 한 피, 한 씨, 한 공동체, 한 솥 밥을 먹는 사람들"로 불린다. 모두 다 여러 사람이 하나의 무리를 지어 살고 있음을 나타내는 단어들이다. 이런 호칭으로 미루어 본다면 가족은 어떤 연유로든 헤어지지 않고 같이 살아야 가족이 되는 것이지, 일단 떨어지거나 헤어지면 가족이란 의미는 희석되고 말게 된다. 아무리 아니라고 부정을 해도 그렇게 되고 마는 결론이 기러기 가족을 통해서 나타난다.

부모 입장에서 자식들에게 좋은 여건에서 좋은 교육을 받게 하고 싶지 않은 사람은 아무도 없을 것이다. 유달리 자식들에게 집착하는 우리 정서에다가 다른 이들과의 비교의식까지 거들어서 오늘날 미국 땅에 나와 유학하는 외국 유학생 가운데 한국 학생들이 가장 많은 것도 이런 연유라 생각한다.

나는 기러기 가족을 고려하는 이들에게 다음과 같은 조언을 전하고 싶다. 우선 기러기 가족이 되는 것은 피하라는 것이다. 기러기 가족은 열이면 열 서로 간에 상처만 남게 되기 때문이다. 만일 자식들을 위해 기러기 가족이 되어야만 하는 상황이라면 온 가족이 한국의 것을 다 정리하고 함께 외국으로 나가는 것이 낫다. 그렇지 않고 기러기 가족이 최선이라 여기게 되면 그 최선이 최악이 될 수 있음을 유념해야 한다.

더 좋은 방법은 가장이 한국을 떠날 수 없는 상황이라면 한국에서 소신껏 교육을 시키는 것이다. 우리 것이 곧 세계적이라는 단순한 논리를 따르라는 말이다. 내 나라에서 최선을 다해 미래의 길을 열어가도록 노력하는 것이 어설프게 기러기 가족이 되는 것보다 백배는 나을 것이다. 적어도 가족 간에 상처는 방지할 수 있기 때문이다. 그렇게 내 나라에서 교육을 시키다가 정 유학을 고집하면 아이 혼자서 모든 것을 할 수 있는 시기까지 기다렸다가 홀로 유학을 보내면 되는 것이다. 그러면 기러기 가족의 아픔도 없게 되고, 아이는 독립적으로 자신의 삶을 개척해 갈 터이니 모두에게 바람직 한 방법이 아닐까?

성형의 바람

옛말에 "신체발부는 수지부모"란 말이 있다. 우리 몸은 부모님께 받은 것이니 그 몸을 잘 돌봐야 한다는 뜻이다. 하지만 요즘 이 말은 정말 벽장 속에나 들어가야 할 옛말이 된 듯하다.

TV 방송에서 하는 드라마를 보면 분명 5, 60대의 나이가 된 연기자인데, 얼굴은 주름살 하나 없는 3, 40대의 모습이다. 아마도 시청자들에게 좋은 인상을 주기 위해서 수술을 했든지, 아니면 피부 관리에 많은 투자를 해서 그렇게 젊은 얼굴을 갖고 있을 거라 생각을 한다.

이상한 것은 드라마 속에서 보이는 상황은 아들, 딸이나 어머니나 나이 차이가 별로 나 보이지 않는데도 모자, 또는 모녀간의 대화가 오고간다. 30대 나이의 아들과 그 어머니가 대화를 나누는 장면이 설정되어 있다면, 그 장면에 등장하는 어머니는 최소한 이마와 눈 주위에 다소간의 주름이 있는 것이 자연스러운데, 아들이나 어머니나 나이가 비슷해 보이니 해도 너무한다는 생각이 든다.

어쨌든 젊고 아름답게 보이고 싶은 것은 인간의 기본 욕구이니 누구를 비난할 일은 아니다. 상대방에게 좋은 인상을 주고 싶어서 그러니 능력 있는 사람이 성형으로 얼굴을 고치거나 자신 없는 부분에 칼을 대는 것은 별 문제 될 일이 아니다. 이러한 양상이 당연한 현실처럼 되어버려 한인사회에서 잘나가는 의사 1순위는 성형외과 의사라는 통계는 오늘의 세태를 잘 반영하고 있는 것 같다. 이런 현실에서 "신체발부는 수지부모" 어쩌고 하는 말은 세태에 뒤진 쉰소리일 뿐이다.

유행처럼 번지는 성형의 바람이 유달리 한인들에게만 나타난다는 점이 특이하다. 이유를 듣자니 면접을 볼 때 관상이나 첫 인상이 차지하는 비율이 높아서 어쩔 수 없다고 한다. 구직 전쟁을 치르는 현대 젊은이들의 안타까운 심정은 십분 이해할 수 있다. 또 대인관계를 가질 때도 일단 인상이 좋으면 좋은 점수를 먹고 들어간다 하니 그 이유도 그럴 듯하다.

헌데 정작 성형수술을 하는 용감무쌍한 결단은 남들에게 보이기 위함보다는 자기 모습에 만족하지 못하는 데서 오는 과감한 감행이 아닐까? 남들이 봐주는 데서 오는 만족감이나 칭찬의 무게보다는 혼자서 거울을 보며 그동안 못내 불평스러웠던 부분을 새롭게 고쳐 놓고 자기만족에 빠지는 데 더 무게가 실리는 행위가 아닐까? 그러니 결국 성형은 대인관계나 남들에게 좋은 인상을 주려 하는 것보다 자기 스스로의 욕구 충족의 일환이라고 해야 옳을 일이다.

어쨌든 성형이란 무기는 사회의 횡적인 잣대에 의한 아름다움에 편승하기 위한 행위라 할 수 있다. 나만의 것이 아닌 다른 사람들이 보아서 알아 줄 법한 미의 기준에 내가 미치지 못한다고 생각하기 때문에 얼마간의 희생이 따르는 것도, 아픔이 있는 것도, 심지어는 후유증까지도 감수하는 것이라 보인다.

하지만 성형이 우리가 살아가는 데 인상으로 인한 문제를 해결해 주는 만능박사는 아닐 것이다. 화상 등의 사고나 선천적 문제로 얼굴에 어떤 흠이 있을 때 성형을 해서 고치는 것은 얼마든지 납득이 가는 일이다. 그런 피치 못할 사정을 제외한다면 다른 사람이 갖지 못하는 나만의 것을 고집하는 것도 우리가 살아가는 세상에는 득이 될 수도 있다.

이 시점에서 우리가 생각할 게 있다. 하나님이 사람을 이 땅에 태어나게 하실 때에는 그 나름대로의 특성을 주었다. 그래서 이 세상에 60억 가까운 사람이 살아도 그 많은 사람 가운데 나란 존재와 똑같은 복제품은 없는 것이다. 그것은 나란 사람의 독특한 특성 때문이다. 그러니 이 세상에 하나밖에 없는 얼굴에 자부심이나 자신감을 갖는 것은 당연한 일이며, 바로 그런 마음으로 자신을 바라보면 이 세상 누구보다 아름다운 자신을 볼 것이다.

오래 전에 발행된 1센트짜리 동전이 수십만 달러를 호가하는 이유는 그 희소성 때문이다. 물질을 사람에 빗대는 것이 조금 지나친 면이 있지만, 그래도 "나"라고 하는 사람의 존재는 이만저만한 희소가치가 있는 것이 아니다. 그런데 그런 희소가치를 버리고 사회적 미의 기준에 편승하려 한다면 이미 그 사람은 자신의 가치를 팽개쳐 버린 것이다.

나이가 들어도 팽팽한 얼굴보다는 세월의 연륜에 걸맞은 주름살과 희끗희끗한 머리의 어울림에 감사할 수 있는 것이 더 아름다울 것이다. 횡적 미의 잣대에 편승해서 자신의 독특성을 잃어버리는 것보다는, 나만의 독특성에 자부심을 가져보는 일이 더 좋을 듯하다. 그런 사람이야말로 자신이 이 땅에 존재하는 그 의미를 제대로 알고 사는 하나님의 사람일 것이다.

한국교육은 거짓학력을
말할 자격이 있을까?

사람은 혼자서 살아갈 수 없는 사회적인 동물이기 때문에 서로간의 관계 형성 속에서 살아야 하는 필연성이 있다. 가족이라는 자연스런 관계를 제외한다면 인간관계를 연결하는 고리 가운데 하나가 학연과 지연이다. 재미있는 것은 사람 사는 곳이라면 어디든지 학연과 지연, 이 두 가지를 무시할 수 없는 것이 거의 비슷하게 나타나는 현상이라는 것이다.

인간관계를 맺어갈 때 생면부지의 사람을 만나게 되면 누구든지 서로 간에 공통된 분모가 무엇인지 찾아서 새로운 관계를 형성한다. 이런 공통의 분모를 찾게 되면 경계심 내지는 불신의 벽이 허물어지게 되고, 자연스레 동질감을 갖게 된다.

새로운 관계 형성을 위해 모색하는 공통분모 중에 가장 끈끈한 것이 학연일 것이다. 특히 학연은 유치원부터 시작해서 대학원까지 열거하다 보면 어느 하나에는 걸릴 수 있다. 그도 아니면 지연으로 연결의 고리를 찾아보게 된다. 학연과 지연을 내세우면 어느 부분에서는 대부분 걸리게 되고, 그 결과 새로운 관계가 보다 밀접하게 형성된다.

혼자서만 살아갈 수 없는 현실을 부정할 수 없기에 이런 학연과 지연을 바탕으로 사회적 신분이 높거나 어느 특정인과 관계를 맺음으로 이익이 발생될 것을 기대한다면, 어떻게든 목표로 삼는 그와 관계를 만들기 위해 학연, 지연을 동원해야 한다. 이런 현상은 우리 한국 사람들에게는 뗄 수 없는 인간관계의 연결고리가 되어 왔다.

그러다 보니 교육이나 연구가 목적이 아니라 장래 사회생활에서 보다 나은 인간관계 형성을 위해 대학을 지망하는 경우가 허다하다. 특히 인류대학을 고집하는 부모들의 태반은 자녀들의 교육에 대한 관심보다 장래 자녀들이 사회 엘리트층으로 자리를 잡게 될 인류대학 출신의 대열에 서게 하기 위한 바람이 강한 것 같다. 그러다 보니 진리의 상아탑이라는 거창한 말을 사용하는 한국의 대학은 사실 알고 보면 졸업장을 손에 쥐고 학연을 만드는 과정에 불과한 모습이 역력하다. 이런 풍토가 가짜 학력을 만드는 동기부여가 된 셈이다.

가짜 학위문제가 터져 나오면 십중팔구는 미국의 학교가 거론이 된다. 미국에는 헤아릴 수 없는 수많은 학교들이 있다. 나라가 크고, 인구가 많고, 거기에다 민주주의가 가장 앞서서 정착한 나라이다 보니 교육 분야에 있어 한국과 같은 통제는 사실상 없다고 해도 과언이 아니다.

그러다 보니 이름만 들어도 알 수 있는 명문대학과 주립대학 외에는 정식으로 연방정부의 허가를 받은 학교인지 아닌지 알 수가 없다. 이런 단점을 기가 막히게 이용하여 학위를 거래하는 한국 사람들이 꽤 많은 것 같다. 그나마 학교라도 출석하며 학위를 따는 것은 이해가 되지만, 학교 문턱에도 안 가본 사람이 돈만 내고 학위를 받는 경우도 허다한 듯하다. 미국에서 학위를 받은 사람들을 소집하여 영어 테스트를 해보면 진짜와 가짜를 확인할 수 있을 텐데 그럴 수도 없는 일이니 고생해서 학위를 받은 사람들의 노고가 아무 수고도 없이 학위를 돈으로 산 사람들로 인해 반감되지 않을까 우려된다.

나는 학위가 필요한 사람들이 어떤 방법으로든 학위를 가지려는 의도나 이유를 이해한다. "쯩"(證)이 없으면 어느 대열에도 낄 수 없는 사회적 풍토, 아무리 실력이 있어도 그 실력이 학위를 갖지 않으면 효력이 없는 사회적 분위기를 십분 이해한다. 그런데 이런 정직하지 못한 일에 대한 합리화가 양심의 거리낌 없이 정당하게 받아들여지는 한, 한국 또는 한인들의 학문적 발전은 기대하기 어렵다는 것이 문제다.

한국 또는 한인사회에서 가짜학위 논란은 어느 특정인의 잘못만으로 몰아붙일 일이 아닐 듯싶다. 설사 정직하게 학교를 다녀 학위를 취득했다 해도, 성실하게 수업을 듣지 않거나 자신의 분야에서 충실한 연구를 하지 않은 채 시간만 때우다 학위를 받았다면, 그런 학위는 가짜나 하등 다를 바가 없다.

사실 한국의 대학에서 학교를 마친 사회 초년생들이 공통으로 하는 말이 대학을 다닌 것이 아무 소용이 없다는 말이다. 대학에서 배운 지식이 자신이 선택한 직장에서 요구하는 능력과 연결되어 자신의 목표와 직장의 요구를 이뤄가야 하는데, 실상 직장에 가면 처음부터 다시 배워야 한다는 말은 어제 오늘 불거진 문제가 아니다. 영어 십수 년 배웠는데도 외국인을 만나면 가슴이 두근거리고 얼굴이 벌게지면서 벙어리가 되는 것은 어느 특정인의 문제가 아니다.

누가 가짜냐 진짜냐의 진위를 가려 마녀사냥을 하는 것이 중요한 것이 아니라 그런 가짜 학위를 가져야만 하는 사회적 분위기가 바뀌는 것이 우선이다. 그래서 학위가 아니라 실력 있는 사람이 우대받는 사회, 능력 있는 사람이 존경받는 사회가 되면 가짜 학위는 만들라 해도 만들 사람이 없을 것이다.

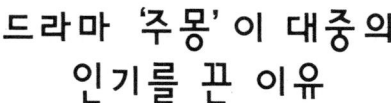

드라마 '주몽'이 대중의 인기를 끈 이유

한동안 한국 사람들을 TV의 사극 드라마로 눈길을 돌리도록 한 주요인은 '주몽' 때문이었다. 한국뿐만 아니라 미국에서도 '주몽'의 인기는 대단했다. TV 시청률 1위를 수개월 동안 지켰고, '주몽'의 바람을 타고 한국 역사 가운데서 고대사에 대한 관심도 높아졌다.

줄거리를 들여다보면 사극의 한 단면으로 그리 특출할 것도 없다. 주인공 주몽의 비극적인 출생, 부여 왕의 적자와 양자 사이의 갈등을 겪다가 자신의 출생 비밀을 알게 된 주몽이 독립을 하고, 독립한 주몽이 자신의 생부의 유업을 위해 유민을 해방시키는 일에 앞장을 서다가 한 나라를 누르고 튼튼한 고구려를 세우는 과정을 다룬 것이다.

여느 사극에 비해 작품이 그리 뛰어나 보이는 것도 아니었다. 극의 구성이 탄탄한 드라마라고 하기도 어렵고, 등장인물들의 연기가 뛰어난 것도 아니었다. 대부분 등장인물들은 노련한 베테랑 연기자보다는 젊은 배우 층이 중심이다 보니 어색한 면도 없지 않았다. 그렇다고 스케일이 커서 군용의 모양새나 전쟁 장면의 규모가 방대한 것도 아니었다. 어떤 때는 한 나라의 군대나 주몽이 이끄는 다물군의 모양새를 보면 동네 싸움같이 초라한 규모를 효과음으로 커버하는 장면이 나처럼 비전문가의 눈에도 자주 보였다.

여러 조건이 성공적인 드라마의 조건을 충족하지 못하는데도, '주몽'은 줄곧 50% 이상의 시청률을 기록했다. 일정대로라면 작품이 끝났어야 하는 드라마를 무려 20여 회 연장하고, 거기에다 방영 시간을 늘렸음에도 불구하고 그 인기는 식을 줄 몰랐다.

그동안 드라마 부분에서 열세에 있던 MBC 방송국이 '주몽' 하나로 다른 방송국의 드라마보다 우위를 선점했다고 해도 과언이 아닐 것이다. 그 덕에 MBC 방송국은 많은 시너지 효과를 봤다. 아마 한인사회에 비디오 대여점들도 '주몽' 덕에 톡톡한 재미를 봤을 것이다. 하루 24시간이 모자라게 사는 나도 첫 방송부터 최종회까지 빼놓지 않고 봤으니, 웬만한 한인이라면 거의 '주몽'을 시청했을 것이라고 짐작한다.

이렇게 '주몽'이 온 국민의 사랑을 받은 이유가 무엇일까 생각해 봤다. 드라마가 국민들의 사랑을 받는 명작이 되려면 작품성이 뛰어나고, 전체적인 스케일이 크고, 배우들의 탄탄한 연기력 등이 조화를 이뤄야 하는데, 이런 조건을 충분히 채우지 못했음에도 '주몽'이 거의 일 년여 동안 가장 많은 사랑을 받는 드라마가 된 비결이 무엇일까?

가장 첫 번째 이유는 현재 한국의 시대 상황이 미래를 향한 희망이 없기에 주몽이 어려운 환경과 여건에서도 고구려를 새우는 과정을 통해 뭔가 희망을 기대하기 때문이라고 본다. 우리같이 단일민족으로 명맥을 유지하는 민족이 지구상에 몇 안 됨에도 불구하고 요즘 대다수의 한국 사람들은 한국을 떠나서 살기를 원한다고 한다. 고향과 조상과 가족을 목숨같이 여기는 우리 한민족들이 기회만 되면 고향을 떠나고 싶다는 생각을 갖는 것은 더 이상 희망을 갖기가 어려운 절박한 상황 속에 있음을 반영한다. 이런 비슷한 상황 속에 주몽이 이뤄가는 불가능 속의 가능을 보며 자신들에게도 이런 희망을 투영하기 때문이 아닐까?

두 번째로 주인공 주몽의 인간성과 지도력에 대한 매력이 크게 작용했을 것으로 보인다. 자신에게 주어진 편안한 길을 마다하고, 생부와 키워준 황제의 유업을 홀로 고독하게 이뤄가면서도 자신의 앞길을 가로막는 대소, 영포 왕자와 황후, 간신배들의 모략에 굳건히 맞서면서도 악을 악으로 갚지 않고 선으로 악을 제어하는 주몽의 인간됨 내지는 지도력이 사실은 드라마 '주몽'이 인기를 끈 가장 큰 요인이라 본다.

우리는 노무현 대통령이 이끄는 한국 정치가 탄생이 될 때 많은 기대를 걸었었다. 명문대학은 고사하고 대학 문턱도 가보지 않은 분이 사법고시를 거쳐 민주화 운동의 중심에 서서 민중을 위해 일하다가 일약 대통령의 자리에 올랐으니, 그분은 앞서 정치 9단의 길을 걸어간 분들이나 군부의 힘을 등에 업고 정권을 누린 이들과 뭔가 달라도 다를 것이라고 기대했다. 서민을 생각하고, 서민의 입장에서 정치를 할 것이라 기대했다. 그러나 우리의 기대가 너무 커서 그랬는지는 모르지만, 일련의 과정은 우리의 기대에 미치지 못하고 많은 실망을 주었다. 이런 때에 드라마로 등장한 주몽이란 인물이 바로 우리가 기대하고 바라던 우리의 지도자의 모습을 그대로 투영하고 있기에 '주몽'의 인기가 더했을 것이라 본다.

나는 '주몽'을 빗대어 현 정권을 비난할 생각은 추호도 없다. 다음 정권이 어떤 구도로 가야 한다는 무슨 대안을 제시하는 것도 내게는 걸맞지 않은 일이다. 다만 국민이 '주몽'을 그렇게도 좋아하는 이유를 대통령뿐만 아니라 각계각층의 지도자 되는 분들이 깨달았으면 좋겠다는 마음에서 감히 '주몽'이란 드라마를 언급해 본다.

정치를 비롯해서 종교, 문화, 예술, 학문 모든 분야에서 지도자들이 바로 서지 못할 때 얼마나 많은 서민들이 실망을 하고, 절망을 하는지를 알았으면 좋겠다. 우리 시대에 일반 백성이 믿고 따르는 주몽 같은 인물들이 많이 등장하여 살 만한 나라, 미래가 있는 한국이 되었으면 좋겠다.

제2부

미국 이민현장 이야기

경쟁, 그 아름다움을 위하여(1)

한인 타운을 다닐 때마다 미국에 와서 살면서도 마치 한국의 어느 동네에 와 있다는 착각이 들 정도로 수많은 한인 식당과 가게, 사무실 간판에 가슴 한편이 뿌듯하다. 심심치 않게 한인들이 대형 업체를 인수하거나 대형 건물을 사들인다는 기사를 대할 때면 마치 내 일인 양 기분이 좋다. 이민 역사 100여 년에 아시아의 조그만 나라가 전 세계의 가장 중심부에 당당히 자리를 잡고 사는 그 모습이 대견하다.

이민 온 지 오래 된 한인들의 과거 경험을 듣노라면, 그분들의 각고의 고생과 수고와 아픔과 눈물이 바로 오늘 미국의 주류사회 속에서 한인들이 당당하게 자리를 잡을 수 있게 한 원동력인 듯하다.

하지만 걱정스러운 마음도 금할 수 없다. 그 많은 한인 업체들이 유지나 되는지, 빚이나 지고 사업하는 것은 아닌지, 얼마 못 가서 문이나 닫는 것은 아닌지 걱정도 되는 것이다. 항간에 이야기를 듣자니 이제는 한인 타운 내에서는 더 이상 가게를 낼 수 있는 공간이 없다는 말이 왠지 좋지 않게 들린다. 공간이 없다는 말은 그만큼 임대료가 올랐다는 말이고, 그 부담은 업주뿐만 아니라 한인 업소를 즐겨 찾는 고객들에게도 돌아갈 테니 말이다.

　모르면 몰라도 한 곳에서 한 주인이 수십 년 장사를 하는 한인 업소는 그리 흔하지 않을 것이다. 간판 이름은 그대로이지만 주인은 얼마 가지 않아 바뀌는 일들이 빈번하다. 그러니 주인 얼굴 보러 어느 식당에 가려 한다면 십중팔구는 실망하게 될 것이다.

　시장경제 구조를 갖고 있는 사회는 경쟁을 바탕으로 돌아가게 되어 있다. 경쟁에서 이기는 업체는 살아남고, 이기지 못하는 업체는 도태되거나 다른 업주에게 넘어가게 될 것이다. 그러니 이기기 위해서 물불 가리지 않고 노력하는 것은 당연한 일이며, 이런 노력으로 시장경제는 한층 발전하는 것이다.

　어느 지역에 독점적으로 운영하던 A라는 식당이 있다고 가정을 해보자. 일정 기간 홀로 열심히 노력한 결과 만족할 만한 수입을 올리게 되었다. 경쟁 상대가 없으니 조금만 노력하고, 손님의 입맛에 조금만 신경을 써도 결과는 만족할 만했다. 하지만 이런 독점이 언제까지 갈 수는 없다.

　어느 날 이 업소가 잘되는 것을 본 한 사람이 좋은 위치에 식당이 하나밖에 없다는 것을 확인하고는, 근처에 B라는 식당을 개업하고 비슷한 음식을 만들어 팔기 시작했다. 그러면 당연히 A라는 식당의 매출은 줄게 되고, 매출이 줄어드는 A식당의 주인은 B식당 주인에게 비난의 화살을 보낼 것이다. B식당이 생겨서 A식당과 같은 메뉴로 장사를 하니 A식당의 손님이 줄어든 것이 뻔히 눈으로 보이니 당연한 일이다. 하지만 그렇다고 언제까지 B식당을 험담하고 비난만 하겠는가?

그러면 여기서 A식당이 경쟁에서 살아남는 방법은 무엇일까? 전과 같은 호황을 누리고, 일하는 보람도 얻을 수 있는 비결은 무엇일까?

첫 번째 방안은 B식당을 실력으로 눌러 이기는 것이다. 그래서 B식당이 문을 닫게 되어 경쟁상대가 없어지면, B식당을 찾던 손님들이 발길을 돌려 A식당은 다시금 옛날의 자리로 돌아가게 될 것이다. 하지만 이런 시나리오는 A식당 주인만의 생각이지 현실은 그렇지 못하다. 이미 B식당의 더 좋은 서비스와 더 좋은 음식 맛을 본 손님들은 A식당 대신에 거리가 좀 멀더라도 다른 식당을 찾아 떠나게 될 것이기 때문이다. 그러니 경쟁상대를 없앤다고 해도 다시 과거의 상태로 돌아갈 수는 없다.

두 번째 방안은 B식당보다 더 큰 시설로 확장을 하고, 더 나은 주방장을 들여와 음식의 질을 높이는 것이다. 이것도 만만한 일이 아니다. 우선 공사를 하려면 식당의 문을 닫아야 하는데, 경쟁업소가 활발하게 장사를 하는 마당에 문을 닫으면 그마나 오는 단골손님마저 다 놓치게 될 수 있다. 게다가 경쟁업체를 생각해 보지 않아서 공사나 재투자는 엄두도 내지 못하는 실정이고, 더 좋은 주방장을 들여오자니 더 잘한다는 보장도 없어서 그 일도 수월하지 않다. 음식의 질을 높이는 것도 음식 값을 올리지 못하는 상태에서 더 나은 재료나 더 많은 부재료를 썼다가는 망하기 십상이다.

세 번째 방안은 B식당에 대한 좋지 못한 루머를 퍼뜨리는 것이다. 그러면 손님들은 B식당에 대한 신뢰가 떨어져 그들이 과거에 다녔던 A식당으로 발길을 돌릴 것이다. 그러나 이도 시원치 않은 방법이다. 손님들은 그 루머의 진원지가 경쟁업소인 것을 눈치 챌 수 있다. 그러니 손님들은 맛은 그만두고라도 루머를 만들어내는 식당에 가기를 꺼려할 것이다. 이런 방법은 정당한 경쟁이라고 할 수 없다. 이런 식의 경쟁은 결국 너도 죽고 나도 죽겠다는 극단으로 치닫는다.

결국, 가장 좋은 방법은 한인 업소들이 밀집되어 있는 곳에 선의의 경쟁을 유도하여 지속적으로 서로가 잘될 수 있는 좋은 방향으로 이끌어 가는 것이다.

경쟁, 그 아름다움을 위하여(2)

우리는 조상 때부터 '사촌이 땅을 사면 배가 아프다'는 말을 듣고 살았다. 그래서 남이 잘되는 모습을 보는 것이 왠지 기분이 좋지 않다. 그러다 보니 언제나 내 떡보다는 남의 떡이 더 커 보인다. 이런 상태로 경쟁을 하는 것은 내가 살아남고, 너는 죽어야 비로소 이기는 것이라고 생각하게 만든다.

그러나 진정한 경쟁은 나 혼자 독점하는 것이 아니다. 진정한 경쟁은 너와 내가 더불어 살아가는 방향을 잡아가는 것이다. 그러므로 A식당에서 독점하는 지역에 B식당이 문을 열었다고 해도 그동안 기득권을 누리고 독점의 지위를 누리던 A식당이 당장에 문을 닫는 것은 아니다. 오히려 B식당이 들어옴으로 더 많은 이점이 있을 수도 있다. 그러므로 A식당이 살아남을 뿐만 아니라 전보다 더 사업이 번창할 수 있는 비결은 경쟁을 효과적으로 이용하는 것이다. 경쟁은 나쁜 것이 아니라 오히려 경제에 탄력을 주는 원동력이 된다. 그 이유는 첫째, B 식당이 들어옴으로 지역의 주민들은 식당을 이용하는 선택의 폭이 넓어졌다. 과거에 A식당이 맘에 안 들어서 다른 지역으로 놓친 손님들까지 지역 안에서 식사를 해결할 수 있도록 하게 된 것이다. 그렇게 A식당 대신 B식당으로 발길을 들여 놓던 사람들이 B식당의 입맛에 식상하게 되면, A식당이 전보다 한층 나아졌다는 소문을 듣고 다시 발걸음을 돌려놓게 될 것이고, 결국 B식당으로 인해 선택의 폭이 넓어진 손님들을 다른 지역으로 놓치지 않는 효과를 거두게 되는 셈이니 A식당도 득을 보는 셈이다.

둘째, A식당이 독주를 할 때에는 서비스나 맛의 개선이 별로 되지 않다가 B식당이란 경쟁업체가 등장함으로 손님 유치를 위해 개선의 노력이 수반되게 될 것이다. 그러면 A식당의 서비스나 맛은 자연히 나아질 것이고, 이렇게 나아진 A식당을 통해 지역에 사는 주민들은 외식을 위해 타 지역으로 나가는 불편을 덜 수 있다. 사업상 또는 다른 이유로 타지의 사람들과 식사 약속이 있을 때 타지로 나가지 않고 오히려 데려와서 식사를 하는 경우도 발생될 수 있다. 그러니 경쟁업체가 생김으로 고객들에게도 이익이 돌아가게 되는 셈이다.

셋째, A식당과 B식당의 경쟁으로 인해서 시장의 범위가 넓어지게 되면 식당에 물건을 공급하는 식품업체나 A, B 식당이 커버하지 못하는 틈새를 노리는 패스트푸드 점, 식당에 오는 손님들로 하여금 식사뿐만 아니라 다른 편의도 누릴 수 있게 하는 미장원, 비디오가게 등이 등장하게 됨으로 지역의 상업이 활성화를 띠게 될 것이다. 그러면 A식당은 자연스레 더 많은 손님들을 끌어들이는 계기가 될 뿐만 아니라 식당의 부가가치를 높이게 되고, 나아가서 지역의 경기가 활발해짐으로 공공기관도 들어올 수 있고, 은행이나 자동차 딜러 등의 매출 규모가 큰 사업체들이 들어오게 될 것이다. 그러니 A식당 혼자서 독주하는 것보다는 B식당이 들어와 함께 경쟁을 해 나가는 것이 백번 더 경제적 효과가 있는 것이다.

한인 타운에 등장하는 업체들이 이런 경제 유통구조를 따랐으면 좋겠다. 너 죽고 나 살자는 식이 아니라 너도 살고 나도 살도록 하는 방향으로 나가자는 것이다.

특히 타운이나 한인들이 밀집되어 있는 곳의 부동산을 매입하는 경우, 같은 한인끼리의 경쟁으로 가격이 수직적으로 상승하는 일이 허다하게 발생된다. 그러니 죽기 살기로 경쟁을 해서 실제 가격보다 훨씬 비싼 가격에 부동산을 구입해서 부동산 주인만 배부르게 해주고, 오기로 매입을 하고나서 감당이 안 되어 파산을 하거나 어려움을 겪는 업체들이 꽤 많은 듯하다.

설사 그렇게 부동산을 구입해서 백화점이라도 하나 지었다 하더라도, 경쟁으로 피해를 본 금액을 복구해야 하기 때문에 백화점의 임대료가 비싸질 것이며, 그 피해는 또다시 어렵사리 임대를 해서 가게를 낸 세입자에게 돌아가게 되고, 비싼 임대료를 뽑아야 하는 세입자는 물건의 가격을 높일 것이니 다시 소비자가 피해를 보게 되고, 물건 가격에 민감한 소비자가 그 백화점이 비싸게 물건을 파는 것을 파악하면 다시는 발걸음을 하지 않게 되어 세입자가 더 이상 가게를 운영하지 못하고 문을 닫고 나가게 되므로 결국 과다한 경쟁으로 부동산을 구입한 당사자에게 두 배, 세 배가 넘는 피해가 돌아가게 되는 것이다.

한인들이 미주사회에서 목소리를 높이려면 일단 잘살아야 한다.

우리가 잘살기 위해서는 우리 끼리 살을 깎아 먹는 경쟁은 가능하면 피하고, 어떻게든 서로 힘을 합해 잘살아보는 방향으로 경쟁을 하면, 머지않은 날에 우리가 잘살아서 경제권을 손에 쥔 한인들의 목소리가 미주 사회에서 그대로 반영될 날이 오고야 말 것이다.

미국 이민자의 고단한 삶의
한 단면 (1)

최근에 도시락 배달을 하다가 정말 감동적인 노인 부부를 만났다. 할아버지는 치매성에다가 여러 가지 합병증으로 거의 20년을 침상에 누워 보냈고, 그 할아버지를 돌봐주며 침상을 지키는 할머니도 연세가 꽤 들어 보이는데도 한결같이 침상을 지켜주는 노부부였다.

물론 자녀들이 자주 들러 노부부가 필요한 것을 채워주고, 돌봐도 드리겠지마는 연로하신 몸으로 할아버지 병수발이 결코 쉬운 일은 아닐 듯싶었다. 이런 분들을 만나서 대화를 나누고, 세상사는 이야기도 하는 것이 좋아 한 번은 마음먹고 시간을 내서 할머니께 두 분의 살아온 이야기를 듣게 되었다. 그냥 양로병원에 입원을 시킬 법도 한데 할머니가 집에서 할아버지를 돌봐드리는 모습을 보며 참 아름다운 부부란 생각을 했다. 부부의 관계를 잘 이어온 모습이 너무도 보기 좋았다. 이런 부부의 관계성, 나와 너의 만남을 요즘 젊은 사람들이 알려나 모르겠다.

　우리 교회에서는 요즈음 Adult School을 운영하고 있다. 매일 두 시간씩 영어 기초를 가르치는 과정인데 30여 명의 할머니 할아버지들께서 영어를 배우고 있다.

　하루는 수업을 하려고 교실로 향하는데 처음 보는 할머니 한 분이 기다렸다는 듯이 길을 가로막는 것이었다. 그러더니 잠시 할 얘기가 있다며 시간을 내주기를 요청했다. 이미 수업 시간이 되었는지라 이야기가 길어지지 않기를 당부하고 할머니의 이야기를 들었다.

　뭔가 중요한 말이 있으신 듯 쳐다보시던 할머니가 갑자기 눈물을 글썽이셨다. 그러더니 이내 눈시울이 빨갛게 달아올랐다. 얼마간 시간이 지나자 안정이 되신 할머니는 당신이 영어를 배우러 용기를 낸 사연을 들려주셨다.

　대부분의 이민자들이 그렇듯이 할머니도 미국에 발을 디딘 다음 날부터 하루에 두세 개의 일을 뛰며 살았고, 어느 정도 자리를 잡아서 살 만하니 이제는 힘이 없어 더 이상 일할 수 없는 형편이 되었다는 것이다. 하지만 미국에 건너와 20년 이상을 지내며 늘 영어에 대한 강박관념 내지는 영어를 못해서 당한 설움에 운 적이 한두 번이 아니어서 가슴에 못이 박혔다는 것이다.

　영어에 대한 한을 풀어 보려고 여기저기 학교도 다니고, 학원도 다녀 보았지만, 돈은 돈대로 들어가면서도 늘지를 않아 고민을 하던 차에 우리 교회에서 Adult school을 한다는 광고를 보고 왔노라 했다. 그리고는 혹시라도 못 알아들어서 다시 묻거나 시켰을 때 못하더라도 이해해 달라는 당부를 여러 번 했다.

　그렇게 20여 분을 지체한 뒤 시작한 수업시간 내내 할머니는 내

눈길을 피하셨다. 수업이 끝난 뒤에도 할머니는 집에 가지 않으시고 남아서 한동안 공부를 하시더니 사무실로 찾아와서는 가르쳐 줘서 너무나 고맙다는 인사를 여러 번 하고서 교회 문을 나섰다. 열심히 배워서 자신같이 서러움 당하는 사람들을 돕는 데 나서고 싶다고 했다. 그 후로 할머니는 하루도 거르지 않고 영어 수업에 참석을 했다.

이런 사연은 어느 특정인의 이야기는 아닐 듯하다. 남들이 말하는 American Dream이라는 말은 현실에 부딪혀 보면 허구인 듯하다. 그러니 미국 이민 온다는 사람 있으면 도시락 싸들고 다니며 말린다는 말이 나오는 것도 다 이유가 있는 것이다.

미국에 가면 당장이라도 황금을 캘 수 있을 것으로 생각되어 기대하며 미국에 왔지만, 막상 도착을 하면 그 다음 날부터 전쟁을 방불케 하는 고단한 생활이 시작된다. 새벽부터 밤늦게까지 뛰는 힘든 생활에다, 변변한 음식 한 번 만들어 먹을 시간도 여유도 없어서 늘 햄버거로 끼니를 때워야 하고, 영어도 안 되고 신분도 안 되어 할 수 없이 저임금의 노동만을 해야 하는 고통스런 생활이 계속된다. 그나마 자식이라도 제대로 키워볼 마음으로 어떤 고생이라도 감내하지만, 막상 키워놓은 자식하고는 언어소통이 제대로 안 돼서 어느 순간에는 타인과 같은 생각이 들어버리고, 그렇게 20년 이상을 보내다 보니 몸도 마음도 병이 들어 공허하다. 이게 대부분 이민자들의 한결같은 이민생활의 여정인 듯하다.

그동안 닥치는 대로 이리저리 살아오며 몸은 몸대로 병이 들고, 마음은 마음대로 상처를 받아 왜 사는지도 모르고 살다 보니 삶의 의욕을 잃어 멀쩡하게 잘살던 부부가 갈라서고, 부모와 자식도 세월이 흘러가며 점점 멀어지는 부조리한 세상에 무엇을 바라보고 살아야 할지 모른다.

이런 공허한 마음을 극복할 수 있는 방법은 내가 할 수 있는 일을 찾아보는 것이다. 돈 되는 일이라면 닥치는 대로 했던 과거의 생각은 떨쳐버리고, 나보다 어려운 이웃을 위해 봉사도 해보고, 영어 때문에 맺힌 한도 풀어볼 겸 영어도 배워보고, 그러다 보면 보람도 생겨서 마음도 한결 가벼워지고, 누군가를 위해 살 수 있다는 기쁨도 맛보게 될 것이다.

여건이 안 되어서 영어를 배우지 못한 것은 죄가 아니다. 이웃을 돌아볼 여유도 없었고, 공부할 여건도 안 되어서 못했기 때문이다. 하고 싶어도 할 수 없었다. 이제 시간이 조금 돌아가고, 경제적 여건이 나아졌는데도 여전이 안하는 것은 죄라 할 수 있다. 이제라도 이웃을 위해 할 일을 찾아보고, 영어공부도 새롭게 시작해서 마음의 한을 다 풀어버리고, 새로운 인생의 장을 열어봄이 어떨까? 그러면 그동안 이민 와서 겪었던 고단한 삶이 이제 와서라도 고맙고 감사하게 생각될지 누가 알랴?

미국 이민자의 고단한 삶의
한 단면 (2)

한 교우가 전화를 걸어왔다. 아이들이 학교에서 돌아올 시간이 되었는데 일 때문에 집에 들어갈 수 없으니 아이들을 돌봐달라는 부탁을 하려고 전화를 한 것이다. 걱정 말라고 한 뒤 교우 집으로 갔다. 정말 강아지 같은 두 아이가 문을 걸어 잠그고 사이좋게 집 안에 있었다.

두 아이를 집으로 데려와 저녁을 먹이고, 재미난 DVD를 틀어줬다. 평소에 보아온 두 아이는 너무 건강해서 가만히 있지를 못했는데, TV 화면에 보이는 만화영화를 보며 얌전하게 입을 다물고 있었다.

두어 시간이 지나자 교우가 집으로 찾아왔다. 고맙다는 인사를 하며 미안해서 어쩔 줄 모르는 것이다. 저녁식사 시간이 훌쩍 넘었는데도 일 때문에 저녁을 못한 것 같아 아내가 식사를 차렸다. 한 그릇을 금세 해치운 교우와 식탁에 앉아 이런저런 이야기를 나눴다. 다들 미국에 올 때는 꿈과 희망을 갖고 왔는데, 막상 현실에 부딪혀 보니 한국에서 생각한 미국 생활과, 실제 미국에서의 생활이 너무나 다르다는 것이다.

그러나 이곳에 와서 얻은 것이 있다면 가족의 소중함을 알고, 무엇보다 신앙을 갖게 되어 너무나 감사하다는 것이다. 실제로 이 교우를 통해 한국에서 살고 있는 대 가족이 전도되었다. 문중의 장손이기에 장손이 개종을 하자 부모며 형제들도 자연스럽게 교회로 발을 옮기게 된 것이다.

새벽부터 늦은 밤까지 열심히 살아가면서도 남 속이지 않고 땀 흘리는 그의 모습이 너무나 보기가 좋다. 아마도 돈 싸들고 와서 백만 불 이상짜리 집값을 단번에 치룰 수 있는 능력을 갖춘 이민자들에게서는 맛볼 수 없는 인생의 맛이 거기에 있었다.

인생의 험난한 바다를 부부가 함께 노를 저어가며 헤쳐 가는 일은 힘들고 고되고 어려운 인생이라기보다는 오히려 아름답고 보기 좋다 해야 할 것이다. 물려받은 재산이 많다거나, 부모 잘 만나 고생이 무엇인지 모르고 남부럽지 않게 사는 이들에게서는 맛 볼 수 없는 인생의 맛이 여기에 있다.

대부분의 사람들이 꿈을 갖고 미국에 온다. 여기저기 부대끼다 못해 너무나 지쳐버린 이들은 꿈은 꿈일 뿐이라며 자포자기하기도 한다. 하지만 꿈이 있다는 것은 오늘 내가 살아야 할 이유가 있다는 말이다. 꿈이라는 것은 오늘의 수고와 노력과 땀과 아픔이 내일은 보기 좋은 결실이 될 것이라는 확신이다. 그러니 현실이 꿈과 다르다 해도 여기서 물러설 수는 없다. 하다하다 내가 마음먹은 꿈을 이룰 수 없다면 자식이라도 이룰 수 있도록 열심히 살아야 한다. 그러다 보면 언젠가는 American Dream은 이뤄지게 될 것이다.

성경에 보면 믿음의 조상이라 하는 야곱은 참 기구한 인생을 산 사람이다. 어려서는 형을 속인 죄로 삼촌의 집으로 도망을 가서 살아야 했고, 살 만해지니 사촌들의 등살에 다시 떠나야 했고, 사랑하는 부인을 맞이하기 위해 무려 14년의 세월을 보내야 했고, 가장 사랑하는 아내를 일찍이 하나님 나라로 보내야 했고, 그럭저럭 얻은 12명의 아들 가운데 가장 사랑하는 아들 요셉이 어느 날 짐승의 밥이 되어 없어지기도 했다.

야곱의 인생은 밝음보다는 어두움이 더 깊게 드리운 불행한 인생이었다. 그러나 어느 누구도 야곱의 인생이 불행하다고 하지 않는다. 오히려 야곱은 하나님의 축복을 받은 사람이라고들 한다. 이유는 자신 앞에 주어진 인생의 고난을 야곱은 피하지 않았기 때문이리라!

자신의 인생을 돌아보며 긴 여정의 시간을 후회 없이 말할 수 있는 사람이 있다면, 그보다 더한 축복이 어디 있을까? 분명 이민자들이 살아가는 미국은 더 이상 노다지를 캘 수 있는 황금의 땅은 분명코 아니다. American Dream도 먼 옛날의 이야기일지도 모른다. 그래도 예서 물러설 수는 없다. 오늘의 고단한 삶은 업보도 억지도 아니고 선택이며, 그 선택이 실수가 아니라 잘한 일임을 확신할 날이 오고야 말 일이다.

뿌리의 중요성

한국이 일제의 침탈에서 해방된 지 회갑이 되었다. 일제의 지배를 받은 시간이 36년이었고, 지배를 받은 시간보다 훨씬 더 긴 시간이 지났는데도 여전히 일재의 잔재가 우리 삶의 구석구석에 자리잡고 과거의 아픈 기억을 지우지 못하게 하고 있다. 더구나 당시 아픔을 겪었던 1세대들이 세상을 떠나거나 점점 나이가 들어가고, 이제는 당시의 생생한 기억은 하나의 이야기 속에나 등장하는 역사가 되어가고 있다. 어쩌면 앞으로 20년 정도 세월이 지난 뒤의 광복절은 노동의 일상에서 힘들게 살아가는 이들에게 하루의 쉼을 주는 말 그대로 휴일의 의미밖에는 안 될 거라는 생각이 든다.

광복절이 있는 주일, 1시간의 짧은 예배시간이지만 예배 중간에 간단한 광복절 기념식을 가졌다. 다 같이 일어서서 국기에 대하여 경례도 하고, 애국가도 부르고, 국가와 민족의 장래를 위한 기도도 했다. 모두가 숙연한 분위기였다. 많게는 97세까지의 노년층이

20% 이상의 비율을 차지하는 교회라서 그런지 모르지만, 언제나 이런 의식은 경건함을 체험하게 한다.

나이가 들어 미국 땅에 와서 살아가는 한인들의 가슴 한쪽에는 언제나 고국에 대한 추억과 고국을 떠난 삶에 대한 한스러움이 교차하고 있다. 당시로서는 최선의 길로 여기고 떠나와서 물불 안 가리고 열심히 고생해서 이제는 어느 정도 터를 잡고 살게 되어 이민에 대한 후회는 없지만, 여전히 뭔가가 채워지지 않는 것이 있음을 부인할 수 없다. 이런 상태를 뿌리에 대한 동물적 본능이라 할 수 있겠다.

사람이 살아가는 데는 뿌리 혹은 근본이라는 것이 있다. 그 뿌리가 없으면 사실상 산다고 해도 사는 것이 아니다. 한국을 떠나 외국에 나와서 살아가는 이민자들에게 고국은 잊을 수 없는 우리의 뿌리가 되는 것이다. 그러니 햄버거에 피자를 즐겨 먹고, 개인생활을 존중하고, 남의 이목보다는 내 편한 대로 사는 데 익숙하다 해도 여전히 우리 속에는 된장국과 김치 냄새가 익숙해 있다. 사업상 형편 때문에 또는 이웃과의 마찰을 피하기 위해 우리 음식을 멀리하고 살았다 해도 여전히 문득문득 우리 음식이 그리워지는 것은, 우리 몸속에 실낱같은 뿌리가 여전히 남아 있기 때문이라고 여겨진다. 그 뿌리를 잘 이어가는 것을 민족정신의 고취라 하겠다.

우리 역사는 늘 수난과 아픔을 운명처럼 여기며 이어왔다. 맞을지언정 때릴 줄을 몰랐고, 나중에 어떻게 될망정 도움의 손을 외면하지 못했다. 아무리 상대방이 잘못을 했어도 용서를 구하면 언제든지 화해할 수 있는 넉넉한 마음도 있었다. 내가 굶을망정 남이 굶는 것을 보지 못했고, 내 삶이 아무리 편안하고 안정되었다 해도 어던가에서 어려움을 당하며 살아가는 이들을 생각할 줄 아는 인정이 있었다. 그런 우리의 뿌리가 어느 날부턴가 불어오는 서구화 또는 세계화의 바람을 타고 조금씩 사그라지고 있다.

지금 우리가 살고 있는 시기가 한국 5,000년의 역사 가운데 가장 큰 위기에 부딪히지 않았나 하는 우려를 떨칠 수 없다. 우리 민족은 남을 해할 줄 모르는 민족이었다. 광개토대왕이 이끄는 군사들이 중원을 정복하던 고구려시기를 제외하면, 언제나 약자의 입장에 서 있었다. 고려, 조선으로 이어오는 역사에도 보면 숱한 약탈을 당하면서도 전쟁을 준비할 줄 몰랐다. 그렇게 당하면서도 이웃 나라에 쳐들어가 약탈을 해오는 전쟁을 거의 일으켜 보지 않았다. 그래도 단일민족의 명맥을 유지해 올 수 있었던 힘은 뿌리를 소중히 여기는 정신 때문이리라!

우리 교회에서 한글학교를 시작하는 기념식을 가질 때 깜짝 놀란 사실이 하나 있다. 대부분의 아이들이 애국가를 모른다는 것이다. 그나마 애국가를 부르는 어린이는 한국에서 온 지 얼마 안 되어 아직은 애국가를 기억하고 있기 때문이었다. 외국에 나와 살고, 미국 시민권자까지 된 마당에 애국가를 모른다고 해서 문제될 것은 없다. 또 애국가 부른다고 달라질 것도 없다. 하지만 애국가를 부르는 것은 본인의 뿌리가 한국임을 알게 하는 출발이 된다. 인류대학 보내서 주류사회 속에서 보란 듯이 살게 하는 것도 중요하지만, 우리의 뿌리를 지켜가는 것도 그에 못지않은 역사적 사명일 것이다. 뿌리 없는 나무는 없기 때문이다.

칭찬과 격려에 인색한 우리네

같은 신학교에서 교수를 하는 인도 교수와 잠시 대화를 나눌 기회가 있었다. '인도' 하면 우리 생각에 가난한 나라, 소를 섬기는 나라, 더러운 물이 흐르는 갠지스 강 뭐 대충 그런 정도가 떠오른다. 마치 과거에 '한국' 하면 6.25 전쟁이나 떠올리고, 그래서 가난한 나라라는 이미지가 오래 박혔던 것처럼 말이다. 마침 아는 선교사도 인도에서 사역을 하고 있고 해서 인도에 대한 여러 가지 궁금한 점을 물었다.

실상 그의 부모는 미국에 이민을 온 인도인이지만, 그 교수는 미국에서 태어나 미국에서 자라난 2세였다. 인도에는 몇 년 전에 한 번 다녀왔다고 했다. 그럼에도 그는 부모덕에 인도어를 완벽하게 구사한다 했다. 어쨌든 그와 인도에 대한 대화를 나누며 몇 가지 놀라운 일이 있다.

첫째로 놀라운 것은 인도 국민의 60%가 영어를 사용한다는 것이다. 교육에 목숨 걸고 사는 우리도 한국에서는 영어를 하기 어려운

데, 우리보다 훨씬 못산다는 인도 전체 국민 중 60%가 영어를 사용한다는 말이 믿기지 않았다. 알고 보니 인도는 영국의 식민 통치를 오랫동안 받았다. 그 덕에 인도는 영어를 그렇게 사용하는가도 생각했다. 그런데 알고 보니 그 덕도 있지만, 인도인들이 살 수 있는 방법은 영어를 잘하는 것이라는 생각에서 교육 정책이 아예 영어를 쓸 수 있도록 만들어져 있다는 것이다.

거기에다 IT 산업의 발달 또한 놀라운 일이었다. 소에게나 절하고, 맨발로 걸어 다니는 미개한 이들인 줄 알았더니 컴퓨터 전자 산업이 어떤 분야에서는 우리보다 앞서 있다는 것이다. 그 이유는 자국민들이 외국인에 대한 개방된 마음과 외국 회사에 대한 우호적인 태도를 가지고 있는데다가 IT 산업의 눈부신 발전으로 세계 유수의 IT 회사들이 거의 다 인도에 들어와 있어서 발전을 가속하게 되었다는 것이다. 나는 그래도 한국 사람이어서 '한국' 하면 반도체로 세계를 제패하는 '삼성'이나 'LG' 등을 자랑하고 싶은 데 그 앞에서는 더 이상 할 말이 없었다.

그러면서 어릴 적 영어로 인해 내 마음에 아픔이 되었던 기억이 떠올랐다. 내가 다니던 중학교는 여느 다른 학교와 달리 미국인 선생이 영어를 가르쳤다. 아마 당시 교장선생님이 영어선생 출신이기 때문이 아닌가 하는 생각이 든다. 여하튼 그 미국인 선생님 때문에 우리 학교의 영어교육은 그래도 다른 학교보다 낫다는 소리를 듣곤 했다. 헌데 그런 소문은 빛 좋은 개살구였음을 얼마 지나지 않아서 체험하게 되었다.

영어 수업시간에 그 미국인 선생님이 수업을 진행하다가 공부하는 교재의 본문을 읽을 사람 손들라 했다. 아무도 안 나서서 결국 내가 손을 들고 읽게 되었다. 열심히 본문을 읽고 나자 선생님은 발음이 좋다며 칭찬을 해주는 것이었다. 기분이 좋아 영어 시간이 어떻게 지났는지 알 수 없이 끝나게 되었다. 그런데 그 수업이 끝난 후로 내 삶에 아픈 시련이 닥쳐왔다.

수업이 끝나자마자 반 친구 몇이서 내게 몰려들었다. 나는 친구들의 칭찬을 기대했는데, 기대와는 정반대로 친구들은 "네가 선생님 칭찬 들으려고 일부러 그렇게 혀를 꼬부리느냐, 아침에 빠다를 먹었느냐" 하면서 일제히 공격을 하는 것이었다. 너무나 황당한 나머지 나는 울어버렸고, 그 후로는 친구들의 왕따를 두려워하여 영어수업 시간에는 손을 들지 못했다. 그 후로 영어수업 시간은 내게 즐겁지 못한 시간이 되었고, 1년 후 그 미국인 선생님이 학교를 떠나고서야 다시금 영어 시간이 편안해졌다.

우리는 어려서부터 그렇게 자라왔다. 남이 잘하면 잘한다 칭찬을 해주고, 못하면 열심히 하라고 격려해 줘야 하는데, 사돈이 땅을 사면 늘 배가 아팠기 때문에 칭찬과 격려가 인색할 수밖에 없었다. 그러니 영어를 쓸려고 해도 잘난 척한다며 왕따를 시켜버리니 필요한 줄 알면서도 쓸 수가 없는 것이 한국사회의 실정이다. 그런 면으로 본다면 자신들이 당한 식민지의 아픔을 오히려 기회로 만드는 못사는 나라 인도인들에게서 배울 것이 있는 것 같다. 우리도 이제는 잘하는 것은 잘한다 하고, 못할 때는 잘하라 격려하는 풍토가 정착이 되어 세계 속에 경쟁력이 있는 민족이 되기를 소망해 본다.

도덕적 불감증

세상에는 헤아릴 수 없는 병들이 많이 있다. 어떤 병은 들어 보지도 못한 경우도 있다. 병은 사람에게 어떤 모양으로든 해를 주는 것이다. 그래서 병을 예방하기 위해 운동도 하고, 보약도 먹고, 음식도 조절하면서 건강관리를 한다.

여러 병 가운데 개인 하나에게만 해를 주는 것이 아니라 사회 전체에 전염병과 같이 해를 주는 무서운 병이 있다. 이 병에 걸리면 치료할 약도 없다. 본인이 병에 걸렸는지도 알지 못하고 살아간다. 그 병명은 도덕적 불감증이다.

국가가 선진국의 수준을 만들어가기 위해 투자를 하고, 복지정책을 쓰고, 경제를 끌어올린다 해도, 이 병에 걸리면 그 모든 수고는 하루아침에 물거품과 같이 사라진다. 획기적인 교육정책으로 모든 국민이 골고루 교육의 혜택을 받아서 말 그대로 수준 높은 사회를 만든다 해도 도덕적 불감증에 걸리게 되면 말짱 도루묵이다. 그러니 건강한 사회를 위해서는 이 도덕적 불감증에 걸려서는 절대로 안 되는 것이다.

그런데 병이라는 것이 느껴질 때는 이미 어느 정도 병균이 퍼져서 상태가 악화될 대로 악화된 후라서 수술을 해도 소용이 없는 경우가 많다. 사회에 악이 되는 도덕적 불감증이라는 병도 우리가 진단하기 전에 이미 우리 사회 속에 깊이 고질적으로 퍼진 병이 되어 버려, 돌이킬 수 없는 모습으로 갈까 걱정이 된다.

해마다 9월이 되면 한인 타운에서 한국의 날 축제가 열린다. 해마다 열리는 한국의 날 축제는 최대 규모의 사람들이 모인다. 행사 때마다 느끼는 것이지만 정말 한국 사람들이 많이 살기는 산다는 생각이 든다. 그래서 자부심도 생기고, 기분도 좋다.

하지만 이런 기분은 그리 오래가지 못한다. 행사가 다 끝난 다음 날 아침 일찍이 행사장에 가보면 언제나 아수라장이 되어 있다. 전날 밤 늦게까지 장사를 하고, 구경을 다니고, 마시고 즐겼으니 치울 시간이 없어서 그러려니 생각을 하고 형편이 되는 대로 청소를 해 본다. 버려진 쓰레기의 양은 엄청나다. 정말 우리의 도덕적 불감증이 얼마나 심한지 실감이 되는 현장이다. 그렇게 서너 시간 동안 청소를 하고 있어도, 봉사를 위해 누군가가 오리라는 기대는 그만두고 부스를 맡아 장사를 했던 업주들의 모습도 보이지 않는다.

장사하던 이들 가운데는 잇속을 위해서 모인 이들뿐만 아니라 종교기관이나 사회봉사 단체들도 많은데, 아무도 오지 않는다. 남을 위해 봉사하기 위한 재정 마련의 명목으로 부스를 맡았다면, 최소한 그 목적에 맡게 뒤처리도 해야 할 것이 아닌가 하는 아쉬운 마음이 든다. 대대적으로 광고를 해서 사람들을 모아 봉사 이벤트를 하는 행사성의 일도 중요하지만, 내가 맡은 자리 하나를 정리하고 치워주는 것이 우선이 아닐까 하는 생각도 들었다. 아마 오후에나 아니면 다음날이라도 최소한 자신들이 맡았던 부스 정도는 청소를 하겠지 기대하며 대충 청소를 마무리해 본다.

　도덕이라는 것은 지키기가 어려운 일이 아니다. 그저 내 것과 같이 남의 것을 생각하고, 내 집을 가꾸듯이 남의 것을 생각해 주면 되는 것이다. 우리에게 이런 마음만 있으면, 우리 속에 고질적인 도덕적 불감증은 염려하지 않아도 될 듯하다. 방송매체나 사회에 알리기 위해 벌이는 이벤트성 봉사활동보다는 자신이 자리한 자리에서부터 도덕적 양심을 지켜 간다면 우리 한인사회는 더더욱 좋아질 것이라고 기대해 본다.

한국 사람을 조심하라?

충청도 영동에 가면 심천이라는 동네가 있다. 지명에서 느끼듯이 이 동네를 끼고 도는 계곡들은 단순한 개울이 아니라 물살이 험하고 깊이가 깊기 때문에 붙여진 이름이라 생각한다. 여기에는 해마다 사람들이 물에 빠져 숨지는 익사사고가 멈추지 않는다고 한다. 그래서 심천이라는 동네 주위의 계곡에는 '물 조심'이라 쓰인 간판이 자주 눈에 보인다.

'물 조심'이란 말을 볼 때면 이상스런 생각이 든다. 사람이 물에 빠져 죽는 것은 가만히 누워 쉬고 있는 사람을 물이 덮치거나 멀쩡히 지나가는 사람을 물이 불러서 사고가 벌어지는 것이 아니라, 원래부터 자기 자리에서 그대로 수천 년을 흐르는 물속에 사람이 스스로 걸어 들어가 죽는 것이니 사실은 '물 조심'이 아니라 '사람 조심'이라고 써놔야 옳은 일일 것이라는 생각이다.

상황이야 술이 취해서 그랬거나 물의 깊이를 몰라서, 혹은 비가 내릴 것을 대비하지 못하고 깊은 계곡에 들어갔다 갑자기 몰려오는 소낙비로 인해 인명사고가 날 수도 있다. 하지만 이런 말은 인간들의 편에서 자신들이 당하는 재난에 대한 정당화일 뿐이지 계곡의 물이 눈에 보이는 것보다 깊은 것은 자연의 이치이고, 그런 계곡의 물이 상황에 따라 얼마든지 달라질 수 있다는 것은 삼척동자도 다 아는 일인데, 인간들의 지나친 감정과 판단의 미숙으로 벌어지는 문제를 자연에게 돌리는 심사의 앞뒤가 맞지 않다. 심천뿐만 아니라 한국의 명산이나 이름난 골짜기에서 익사사고를 당하는 인간은 자연 때문이 아닌 인간 자신들 때문임을 인정해야 할 것이다.

여기 LA에 사는 것도 마찬가지이다. 대부분의 한국 사람들, 그 중에서 LA를 기점으로 사는 사람들이 하는 말은 "한국 사람을 조심하라", "여기는 사람 살 곳이 아니다" 뭐 그런 내용이다. 그러면 LA란 지명이 좋지 않아서 원래 마음씨 좋고 착한 사람들이 나쁘게 변했다는 말인가? 원래는 착하고 선하고 인정도 많고 신앙심도 깊은 사람들이 LA의 터가 세서 그렇게 변하게 되었다는 것인가? 아니면 본래 물이 안 좋아서 여기 오기만 하면 멀쩡하던 사람도 도덕성이 타락하여 거짓말하고, 사기치고, 바람나서 2중 생활을 하게 된다는 말인가?

아무리 LA의 한인 타운을 돌며 거리거리를 다녀 봐도 사람을 이상스럽게 또는 저속하게 변화시키는 흔적은 찾아볼 수 없다. 오히려 그 문제의 발단이나 원인은 우리 스스로에게 있는 것이다. 그런데도 우리는 문제의 원인이 우리 자신에게 있음을 인정하지 않고 그 원인자를 다른 곳으로 돌리려 한다. 그래서 이곳에 오기만 하면 모든 사람들이 다 그렇게 변화된다고 하면서 자신의 부도덕성을 정당화하려 한다.

마치 심천의 계곡물은 원래 그렇게 흘러왔는데, 그 자연을 무시하고 그 물속에 걸어 들어가 죽는 우리 자신의 잘못은 생각하지 않고 물을 탓하는 것이나 마찬가지이다. 어쩌면 이는 부도덕하게 살아가는 사람들이 자신들의 행위를 정당화하기 위한 방편인지도 모르겠다.

한인들이 미국에 오는 가장 큰 원인은 자녀들의 교육이다. 더 좋은 환경에서 더 좋은 교육을 받게 하여 미래를 보장해 주고 싶은 부모의 마음을 이해할 수 있다. 한국은 미래가 없다하여 무엇을 하더라도 미래가 보이는 미국에서 살고 싶다며 건너오는 이들도 많다. 어떤 이들은 미국의 선진 학문과 기술을 익혀 한국의 미래에 이바지하고 싶다는 이들도 있다.

미국에 이민을 오는 거의 대부분의 한인들은 나름대로의 포부와 꿈을 갖고 온다. 그 좋은 목적을 갖고 온 우리가 한인들을 조심하라고 말하는 것은 LA가 문제가 있어서가 아니라 우리 스스로 문제를 만들기 때문일 것이다. 그러니 LA에 건너와서 '한국 사람을 조심하라'는 말을 한다면 그것은 자기 스스로 문제 속에 빠져 있다는 자백일 뿐이다.

우리 형편을 잘 알고, 우리 냄새에 익숙한 내 동족과 함께 더불어 미래의 꿈을 일궈간다면 그보다 더 좋은 일이 어디 있으랴? 미국 땅에서 말과 정서가 통하는 내 나라 사람과 공유하는 삶의 터전이 이뤄진다면 미래에 더할 수 없는 희망의 씨를 뿌리는 일이 될 것이다.

한인 청소년 교육의 현실

지난 해 자선냄비를 할 때의 일이었다. 한 학부모가 "자녀의 봉사활동으로 구세군 자선냄비에 참여하고 싶은데 크레디트를 발급하냐"는 문의를 해왔다. 당연히 자선냄비로 봉사를 한 학생에 대해서는 공식적인 봉사활동 크레디트를 발급한다고 하자, 딸이 봉사할 수 있는 시간을 말하며 장소와 일정을 알려달라는 것이다.

부모의 부탁대로 장소와 시간을 조정하여 알려줬다. 그리고 해당일이 되자 어머니와 함께 자선냄비 봉사에 참여하려는 한 고등학생이 나왔다. 자선냄비 자원봉사자의 밤에도 참여를 해서 이미 자선냄비 봉사에 대해서는 교육이 되어 있는 터라 자원봉사자가 입는 옷과 모자를 입히고 옆에 서서 한동안 봉사하는 것을 지켜보았다.

그런데 막상 어머니는 자녀를 세워두고는 어디론가 가는 것이었다. 그래도 백화점 안이라 안전하기는 하지만 혼자 서서 자선냄비의 종을 흔들며 모금하는 일이 쉽지 않은 터라 걱정하며 얼마간 서 있었더니 얼마 후 어디에선가 어머니가 나타나서는 내게로 다가왔다. 딸이 걱정이 안 되냐고 물었더니 학생이 듣지 못하게 귀에 대고는 "멀리서 지켜보고 있으니 걱정하지 말고 들어가라"고 하는 것이다.

그때 그분의 얼굴을 보며 뭔가 범상치 않은 어머니라는 생각이 들었다. 그 학생도 처음에는 힘들어하더니 차츰 적응이 되는지 "다음에도 같은 시간에 나오겠다"는 약속을 했고, 약속대로 그 봉사 참여를 12월 24일까지 계속했다. 처음에는 무척이나 어색해하더니 점차 자신 있게 봉사에 참여했고, 나중에는 정말 숙달된 봉사자의 모습을 볼 수 있었다.

자식 귀하지 않은 부모가 어디 있겠는가! 자식 고생되는 것이 마음 아프지 않는 부모는 없을 것이다. 더구나 우리 한국 정서에서 어머니는 자식을 위해 헌신하는 희생의 모습인데, 그런 모습을 다 접어두고 자식에게 봉사를 가르치는 그 어머니에게 존경심이 절로 생겨났다.

요즘 청소년 문제가 대단한 이슈로 불거지고 있다. 많은 한인 부모들이 자식을 맘대로 할 수 없다며 한탄하는 소리를 종종 듣는다. 자식이라도 제대로 교육하여 보란 듯이 키워 보려고 미국에 왔는데, 오히려 자식을 망치는 것 아니냐며 걱정하는 분들도 많다.

학군 좋다는 곳에 가보면 태반이 한국 학생들이다. 자식의 좋은 학군에 따라서 이동을 하고, 아무리 비싼 부동산이라도 자식의 학군을 따라가기 위해 매입을 하는 우리 현실을 비춰보면, 자식을 봉사에 내모는 부모는 매정해 보일지도 모른다. 일류 과외선생을 두고, 최고의 과외 활동을 시켜가며, 누구보다 앞서가도록 아낌없이 투자하는 대부분 미국에 사는 일류 한국 부모들에 비춰보면, 자식의 자립심을 키워주기 위해 봉사도 홀로하게 하고 멀리서 지켜보기만 하는 어머니는 미국에서 자녀를 키울 자격이 없는지도 모른다.

하지만 10년 후 아니 더 멀리 바라볼 때, 어느 쪽의 교육방법이 더 좋을지는 확연한 일이다. 일류병에 사로잡혀 살다가 어느 날 자신이 일류가 아니라 그저 평범한 한국의 피를 지닌 동양 사람임을 깨달았을 때, 또한 미국사회에서 살아남기 위해 극복해야 할 벽에 부딪히게 되었을 때에는 자식을 봉사활동의 현장에 보내놓고 멀리서 지켜본 부모의 교육이 더 낫다는 것이 증명될 것이다.

자식의 교육을 위해 왔다면 내 방식이 아닌 미국의 교육방식을 조금 더 깊이 들여다 볼 필요가 있다. 학군 좋은 곳에 속해야만 좋은 것이 아니라 어디서든 본인이 노력하기에 달린 것이라는 것을 조금이라도 빨리 깨닫도록 해주는 것이 나중을 위해서 좋을 것이다.

일류가 다 좋은 것만은 아니다. 모두가 다 일류가 되어서도 안 된다. 지구의 한 모퉁이에서 역사의 수레바퀴를 굴릴 줄 아는 평범한 사람, 그 가운데 인생의 의미를 찾아가는 사람, 바로 그런 사람이 많은 세상을 위해 오늘 우리 교육이 이뤄져야 할 것이다.

자살을 생각하는 이들에게

타운 내에서 심심찮게 발생하는 일가족 자살 사건은 남의 일로 돌리기에는 너무나 충격적이다. 어쩌면 우리 한인 이민자들 속에 잠재한 부조리의 한 단면이며, 아메리칸 드림을 꿈꾸며 미국에 정착해 가는 과정에서 발생되는 사고의 갈등의 한 표출이고, 살아남기 위해 몸부림쳐 온 이민자들의 아픔의 총체적인 표출이라고 볼 수 있다.

1세대의 초기 이민은 대부분 경제적인 문제의 극복이 가장 큰 어려움이었다. 한국식 전통 사고방식으로 따진다면 고향산천을 등지고, 부모형제를 뒤로하고 떠나온 이민은 여간한 결심으로 되는 것이 아니다. 그러다 보니 초창기 이민 1세대는 지금 이민 온 1세대보다 더 많은 스트레스를 받아야 했다. 특히나 경제적으로 시달리는 압박은 쉽사리 해결될 문제가 아니었다. 그러다 보니 경제적인 이해관계로 어제의 친구가 오늘의 원수가 되고, 심지어는 한 피를 나눈 형제들까지도 서로 등을 돌리는 가슴 아픈 일들이 비일비재하게 벌어져 왔다. 내가 살지 못하면 아무것도 아니라는 위기의식이 인간의 기본윤리나 도덕까지도 삼켜버린 것이다.

신분이 확보되지 못하고, 경제적인 문제가 여전히 발목을 붙잡고 있는 현실에서는 아무리 발버둥 쳐봐도 더 나은 미래를 꿈꾸는 것도 어려우니, 결국 하나님이 주신 생명을 담보로 위기 속에 살아야 하는 것이 우리 이민자들의 아픔이었다. 그러니 잊을 만하면 벌어지는 일가족의 자살 사건을 현지 미국인이나 타 민족들이 이해할 수 없는 시각으로 본다고 해도, 우리는 이해가 되는 것이다. 왜냐하면 누구나 그런 생각을 한두 번은 가졌고, 현재도 갖고 있는 경우가 대부분이기 때문이다.

생명은 천하보다 귀한 것이고, 돈으로 환산이 안 되는 고귀한 것이지만, 그 생명이 어느 한계상황에 부딪혀서 극복이 안 되면 세상은 이제 끝이라고 생각하게 된다. 이런 어려운 상황을 과연 어떻게 극복하느냐가 관건이다. 문제는 어디에나 있게 마련이다. 우리에게 주어진 과제는 그 문제를 어떻게 풀어 가느냐이다.

이 문제를 위한 가장 최선의 답으로 어려움을 가장 홀로, 또는 부모만이 떠안으려 하지 말 것을 제안한다. 가장의 입장에서 끊이지 않고 발생되는 일가족의 자살 사건을 바라보면 남의 일 같지가 않다. 하루에 두 세 개의 잡(Job)을 갖고 몸부림 쳐봐도 생계비 유지도 어려운 현실에서, 언감생심 성공했다는 다른 이민자들과 같은 부류에 들어가는 것은 그만두고라도, 학군을 따라 집을 장만하는 다른 한인들에 비해보면 너무나 초라하다. 여봐란 듯이 살면서 철 따라 한국에 계시는 부모형제들에게 달러 한 푼이라도 보내고 싶은 마음도 굴뚝같은데, 고생하는 가족들에게 몹쓸 짓을 하고 있다는 마음의 괴로움이 자책감으로 바뀌면, 결국 희망을 상실하고 자살을 생각하게 되는 것이다.

이런 때에 가족이 함께 나누는 고생이나 어려움을 너무 가슴아파 하지 말고, 미래를 위해 서로 짐을 나눠서 져보기를 권유한다. 한국에서는 생각도 못할 만큼 초라한 월세 방에 살더라도, 자녀들이 저소득층 아이들이 많이 몰리는 공립학교를 다닌다 해도, 외식 한 번 변변한 곳에서 못한다고 해도, 부모와 자녀들이 한 마음으로 서로의 아픔을 나눈다면, 바로 그것이 행복의 씨가 될 것이다. 풍요로운 곳에만 행복이 있는 것이 아니라 어려운 곳에도 행복은 있기 때문이다. 너무 높고 먼 데서 행복을 찾으려 하니 자신의 처지나 형편은 늘 불행스러워 보일 뿐이다. 가족이 함께하는 현재의 자리에서 행복을 나누는 시도가 반드시 필요하다. 아픔의 공유는 내일을 향한 희망으로 싹이 나서 언젠가는 옛날의 고생을 생각하며 감사할 날이 오고야 말 것이다.

또 하나는 남의 눈이나 목적을 위한 신앙생활이 아니라 자신을 위한 신앙생활이 되었으면 좋겠다. 이민 온 대다수의 한인들은 교회를 다닌다. 교회는 어려움을 당할 때 절망하라고 가르치지 않는다. 교회는 예수의 십자가의 고난과 죽음의 절망을 이기고 부활하신 그리스도 위에 세운 곳이다. 그러니 교회는 체면이나 권위를 따지는 곳이 아니라, 자신을 겸손히 내어 놓고 세상의 모든 고통을 이기시고 승리하신 그리스도와의 만남을 이루는 곳이어야 한다. 이런 만남을 이어갈 때 진정 자신의 존재 의미를 실감하게 될 것이며, 살아가는 이유를 발견하게 될 것이다.

이렇게 가족과 함께 아픔을 나누고, 마음을 내어놓은 신앙생활을 통해서 육신과 영혼의 아픔이 치유되면, 더 이상 내려갈 수 없는 나락으로 떨어져 있다 해도 미래에 대한 비전과 소망을 다시금 회복할 수 있게 된다. 이런 분들에게 절망이란 단어는 결코 존재하지 않을 것이며, 자살이란 꿈에도 생각할 수 없는 타인의 언어가 될 것임에 틀림없다. 그리하여 아브라함에게 고향을 떠나 이민자의 삶을 명하신 그 명령이 종국에는 아브라함에게 축복이 되었듯이, 머지않은 날에 이민이란 우리의 선택이 하나님의 축복으로 승화될 날이 꼭 오리라 믿는다.

가정은 작은 교회

나는 가정을 작은 교회로 표현한다. 물론 교회는 여러 구성요소가 갖춰져야 교회라 할 수 있다. 가정은 일반 교회가 교회로서 필요로 하는 조건을 다 충족할 수는 없다. 하지만 그래도 그 나름대로는 작은 교회를 이루는 곳이라고 생각한다.

가장은 담임목회자이고, 어머니는 사모 혹은 심방전도사이고, 아들은 장로이고, 딸은 권사이고, 손자손녀들은 성가대원에 견줄 수 있다. 이만하면 교회의 구성원은 그런대로 갖춰진 것이다. 그러다 보면 가정에는 어느 누구 하나 중요한 직분을 안 맡은 사람이 없다. 이렇게 구성된 가정은 어느 누구 할 것 없이 개척교회를 하는 심정으로 가정을 꾸려나가는 것이다.

세상을 살면서 부대끼는 무거운 일들을 교회에 와서 예배를 드리며 다 씻어내듯, 하루하루가 피곤한 일상이지만 가족들과 함께하는 자리에서 다 털어내는 가정이야말로 교회의 역할을 하는 곳이다.

세상에서 방황하고, 죄를 짓고 살다가도 교회에 와서 회개의 고백으로 다 용서함 받듯이, 다른 모든 사람들은 용서할 수 없을지라도 가슴을 열고 용서하고 포용할 수 있는 사람들이 있는 곳이 가정이다. 어려울 때 가장 먼저 달려가 담임목회자나 사모나 장로와 상담을 하며 문제를 풀어가듯, 세상을 살며 시달리는 어려운 일이 있을 때 마음을 열고 함께 고민하고, 함께 걱정해 주는 사람들이 있는 곳이 가정이다.

　신분과 지위와 빈부와 성별을 떠나서 모든 사람이 하나님 앞에 한 형제이고, 한 자매로 만나 그리스도의 사랑을 나누는 곳이 교회라면, 세상에서 살아가기 위해 사업상 또는 이해관계로 만나는 이들과 상대하느라 스트레스를 받다가도 아무런 이해관계 없이 부담 없이 만나 대화를 나누고, 위로와 격려를 받는 것이 가정이다.

　예수 그리스도의 십자가의 희생으로 세워진 곳이 교회이고 그 희생을 바탕으로 세상에 하나님의 사랑을 실천하는 곳이 교회라면, 가정은 부모의 희생과 헌신으로 세워진 곳이며, 그 희생을 자녀들과 동기간에 나누는 사랑으로 승화시키는 곳이 가정이다.

　교회를 세우신 주님이 여타 대가를 바라고 교회를 세운 것이 아니라 그 교회를 통해서 무조건적인 하나님의 사랑을 보이시고자 하셨듯이, 자녀들을 위한 부모의 희생도 무조건적이어서 주고 또 주기를 원한다. 그 사랑을 받은 자녀들은 부모의 희생적 사랑을 바탕으로 동기간에 우애하고, 부모를 공경하는 아름다운 한울타리를 만들어 가는 것이다.

　이런 여러 사항을 비교해 보면 가정은 작은 교회라고 할 수 있다. 그런데 안타까운 것은 이런 가정이라는 교회가 무너지고 있다는 것이다. 이러한 현상은 세태가 달라지고 사람들의 사고방식이 달라져서 다른 사람의 생활에 끼어들지도 않으려 하고, 다른 사람에게 간섭받

기도 싫어하는 현대 문명인들의 개인주의 때문이라고 말할 수 있다.
　늘 시간에 쫓겨 숨 가쁘게 살아야 하기 때문에 남을 돌아볼 여유가 없어서 가족 간에도 대화가 단절되고 있다. 이런 사람들로 구성된 가정은 어느 정도는 성장을 하다가 어떤 문제가 발생이 되면 깨어지는 병든 교회와 같다.
　그렇게 숨 가쁘게, 정신없이 앞만 보고 달려갈 수 있는 시간이 얼마나 될까? 목표를 향해 앞만 보고 달려가는 우리네 삶이 얼마나 지속될 수 있을까?

　"사철에 봄바람 불어 있고, 하나님 아버지 모셨으니 믿음의 반석도 든든하다 우리 집 즐거운 동산이라.
　어버이 우리를 고이시고 동기들 사랑에 뭉쳐 있고 기쁨과 설움도 같이하니 한간의 초가도 천국이라.
　아침과 저녁에 수고하여 다같이 일하는 온 식구가 한 상에 둘러서 먹고 마셔 여기가 우리의 낙원이라."

　찬송가 305장의 가사이다. 이 가사의 내용을 음미해 가며 찬송을 불러보면 정말 하루 일을 다 끝내고 온 식구가 함께 둘러앉아 오순도순 이야기를 나누며 식사를 하는 아름다움 그림이 그려진다. 이런 가정이야말로 천국이 아니겠는가? 이런 가정 속에 사는 사람들은 이미 천국을 체험하며 사는 행복한 사람들이다.
　이해관계를 떠나 가슴을 열고 서로 만날 수 있는 가정교회, 아픔도 괴로움도 서로간의 눈빛만으로도 정화될 수 있는 가정교회가 우리 뒤에 자리잡고 있다면 우리 이민자의 삶은 결코 고단치 않을 것이다.

제3부

신앙 이야기

건강한 성도가 되는 길

요즘 한인사회 곳곳에서 앞을 다퉈 벌이는 교회 밖의 기독교 기관이나 선교단체에 관련된 행사를 바라보며 우려스런 마음을 금할 길 없다. 그 행사를 주최하는 이들이 하나같이 한인사회의 성도들을 위한 일이라고 자부하는 그 주장을 부인할 수 없다. 허나 교회에 속한 성도들을 교회 밖의 어느 특정한 곳으로 끌어내는 일이 언제나 긍정적으로만 평가받아야 하는지에 대해서는 어딘지 모르게 답이 궁색하다.

예를 들어 우리 교우 한 분이 어느 특정 국가의 선교 명목으로 하는 세미나에 참석을 하고 있다. 세미나를 주관하거나 강의를 맡은 분들은 하나같이 이름 석 자만 들어도 알 수 있는 유명세를 타는 분들이었다. 하지만 세미나가 하루 이틀 진행되며 느낀 것은 그 유명한 분들의 모습은 한 번도 보이지 않고, 더구나 강의 계획표에 있는 대로 강사가 나오는 것도 아니었다는 말을 들으며 민망한 마음을 금할 수 없었다. 마치 무슨 이벤트를 준비해 놓고, 사람들을 많이 유치하기 위해 유명한 연예인을 초청한다 하고서 막상 행사 당일에는 유명 연예인을 보려고 몰려든 사람들을 위해 연예인의 얼굴을 비치기는커녕 항의하는 사람들에게 사과 한 마디로 무마하려는 얄팍한 상술과 하등 다를 바가 없다는 생각이 든다.

교회는 성도의 믿음의 기초를 이루는 곳일 뿐만 아니라, 성도의 교제와 교육이 이뤄지며, 궁극적으로 하나님이 주신 지상 명령을 이루도록 성도를 양육하는 역할을 하는 곳이다. 그래서 성경은 교회를 하나님의 권위가 임하는 살아 있는 유기체로 보고 있다. 따라서 성도는 교회에 모여 하나님의 말씀으로 양육이 되고, 기도로 영적인 생활을 유지해 나가며, 성도간의 교제로 그리스도의 사랑을 엮어가며, 봉사로 주님의 뜻을 세상 속에 실천해 나가는 역할을 해야 한다. 그렇지 않고 여기저기 좋다는 행사마다, 유명 강사가 온다는 집회마다 쫓아다니다가는 영적인 편식으로 인하여 신앙에 병이 들 수도 있다.

외식이 입에는 좋다. 하지만 너무 자주 하는 외식은 건강에 도움이 안 될 수도 있다. 아무리 좋고 맛있는 음식이라도 매일 외식을 하다 보면 그 음식으로 인해 병이 올 수도 있다. 왜냐하면 음식을 파는 식당은 건강보다는 맛을 우선시하기 때문이다. 몸에 좋은 음식을 만들어서 손님의 건강을 책임진다는 말은 듣기에는 좋으나 상술로는 어색한 말이다. 몸에 좋은 음식의 대부분은 입맛에는 별로이기 때문에 음식이 손님의 기호에 맞지 않으니 결국 종래는 망하게 될 수도 있다. 그러니 손님의 건강만을 챙기며 음식을 만들어 팔 수는 없다. 음식점은 이윤을 남기는 장사를 해야 하니 당연히 입에 맞는 음식을 만들어야 한다. 그 입에 맞는 음식이 건강에 좋을 리가 있을까?

교회를 가정의 주방으로 본다면, 어느 특정 행사로 벌이는 집회는 음식점에 비유할 수 있다. 그러니 가정 음식이 식당에서 파는 음식보다 맛이 떨어진다고 가정에서 만드는 음식의 가치를 무시할 수는 없는 일이다. 가정에서 만드는 음식은 입맛도 입맛이지만, 식구들의 건강을 챙겨야 하기 때문에 몸에 좋을 수밖에 없듯이, 교회에서 선포되는 말씀이나 양육을 위한 성경공부 등의 질이 행사장에서 단기간에 이벤트성으로 선포되는 말씀에 비교할 수 없지만, 그렇다고 행사장에서 단기간에 이뤄지는 행사만 못하다고 할 수도 없다. 그런데도 행사장만을 찾아다니며 누구 말씀이 좋다고 야단을 한다면 그분의 신앙은 병들어 있다고 해야 옳은 일이다.

조금은 부족하다 해도 한 교회를 꾸준히 섬기며 자기가 담임하는 교회의 성도들을 위해 말씀을 준비하고, 성경공부를 준비하는 담임목회자만큼 정성을 드릴 목회자는 없을 것이다. 어머니의 손맛을 내는 것은 바로 담임목회자밖에는 없기 때문이다. 그러니 행사나 이벤트에 너무 마음 쓰지 말고, 출석하는 교회에서 열심으로 교회를 섬기며 함께하는 성도들과 사랑의 교제를 이뤄가는 것이 건강한 신앙인이 되는 길이라 확신한다.

아브라함이 믿음의 조상이 된 이유

믿음의 조상이라 하면 당장에 떠올리는 인물은 "아브라함"이다. 아마도 아브라함은 하나님의 심판이 임할 때까지, 이 세상이 존재하는 한 믿음의 조상이라는 타이틀을 지속적으로 보유하고 있을 것이다.

우리가 아브라함을 믿음의 조상이라고 칭하는 데는 주저하지 않지만, 그 이유를 따져보면 석연치 않은 면이 있다. 아브라함 같은 인물에게 과연 그런 대단한 타이틀이 어울릴 것이냐는 말이다. 죽음을 보지 않고 하나님 나라로 간 에녹이나 120여 년을 하나님의 말씀에 일편단심 순종하며 온갖 조롱을 이겨가며 산 위에다 방주를 만든 노아 같은 이들에게 믿음의 조상이라 한다면 어느 정도는 수긍이 간다. 더구나 이들은 아브라함보다 앞선 세대의 사람들이니까 더욱 설득력이 있다.

그런데 성경은 이상스럽게도 노아 같은 위대한 믿음의 사람을 제쳐두고 창세기 11장 후반부에서부터 시작하여 24장까지 단 한사람

아브라함에 집중하고 있다.

창세기는 원 역사에 해당되는 시기이다. 때문에 이 시기가 연대기적으로 어느 해라고 연도를 정확히 댈 수 없다. 그저 기록물의 역사적 정황으로 미루어 어느 시기일 것이라고 추측을 하는 정도이다.

성경의 어느 인물도 이렇게 한 사람에게만 집중해서 오랜 시간 동안 할애한 경우는 없다. 그런 면으로 본다면 성경이 아브라함 한 사람을 조명하는 양이나 정도는 가히 파격적이라 할 수 있다.

이렇게 성경이 많은 분량을 할애해 가면서 아브라함의 일대기를 다른 인물들보다 상세하게 그려주는 이유는 무엇일까? 남들이 보기에 아브라함에게 뭔가 남다른 위대한 점이 있어서 그럴까? 아니면 그간 무슨 기적적인 사건을 만들어 냈기 때문에 믿음의 조상으로 부를까? 그도 아니면 아브라함이 100세에 아들을 얻어서 그러는 것일까? 이런 대답으로 아브라함을 조명한다면 결코 해답은 없을 것이다.

아브라함의 일생을 보면 보통사람과 하등 다를 바가 없다. 어떤 경우에는 보통사람들보다 못한 모습도 보인다. 비겁한 모습도 있다. 믿음의 수준도 그리 높지 못하다. 심지어 아브라함의 나이 75세 때 하나님이 아들을 주겠다는 약속을 줬음에도 불구하고 아브라함은 그 사실을 제대로 믿지 않았다. 더구나 하나님이 하늘의 별과 같이 바닷가의 모래와 같이 자손을 주겠다고 약속했는데도 불구하고 하갈에게서 이스마엘을 얻은 사람이다. 이처럼 흠도 많고 약점도 많은 아브라함이 오늘 우리가 부르는 믿음이 조상이 되었다는 것은 의문투성이이다.

그러면 우리가 아브라함을 믿음의 조상이라 부르는 것이 잘못되었다는 말인가? 그렇지는 않을 것이다. 그것은 아브라함이 아브라함 된 이유가 여러 가지 면에서 있기 때문이다.

그 중에서 가장 첫 번째로 손꼽는 이유는 우리네와 하등 다를 바 없는 평범함 때문이다. 어려운 문제에 부딪히면 피하고 싶고, 나보다 나은 사람 앞에서는 어딘지 작아 보이고, 입으로는 믿음이 있다고 말하면서도 속으로는 여전히 의심으로 가득 차 있고, 그래서 때로는 자신 스스로가 미워지는 속 좁은 성도의 모습, 바로 그 모습을 아브라함이 지녔다는 점이 일단은 믿음의 조상이 되는 조건이 되는 것이다.

아브라함은 선지자나 예언자가 갖고 있는 비범함이나 위대한 다윗 왕 같은 탁월한 지도력이나 솔로몬 같은 놀라운 지혜를 가진 사람은 아니다. 그런데도 성경은 탁월한 능력과 출중한 지도력을 가진 이들을 제쳐두고 우리의 믿음의 조상의 자리에 아브라함이 오르게 하였는데, 그 이유는 바로 우리와 같은 모습을 적나라하게 보여주기 때문이다.

교회에서 찬양을 부르며 뜨겁게 기도할 때에는 세상을 위해 모든 것을 다 드릴 준비가 된 사람마냥 들떠 있다가도 어느 한 순간 자신의 생활고와 관계된 문제에 부딪히면 그 모든 신앙적 결단이나 뜨거운 기도의 순간은 순식간에 사라지고, 오직 앞에 놓인 문제를 풀기에 급급한 단순 세포적인 모습, 또 그런 이중적 모습을 두고 스스로 실망해서 금식도 해보고, 철야도 하고, 성경쓰기도 해 보지만, 여전히 얼마 못가서 또다시 절망하는 본능적 인간의 모습, 바로 그 모습은 우리 각자의 모습이기도 하지만, 믿음의 조상 아브라함의 모습이기도 했다.

  신앙이 약하다는 분이 있다. 믿음의 분량이 작다는 성도도 있다. 그것은 우리만 그런 것이 아니라 아브라함도 그러했다. 넘어지기도 하고, 좌절도 하고, 어떤 때는 성도로서 해서는 안 되는 일도 해야 하고, 그런 이중적 모습이 싫어 교회 나가는 것도 기피하는 현실은 우리만의 문제가 아니라는 것이다. 그럼에도 불구하고 아브라함이 믿음의 조상이 된 것을 통해 우리네 같은 연약함 속에서도 하나님 앞에 다시금 서게 될 날을 기약한다.

  때로 자신의 모습이 싫어지고, 이중적 모습으로 살아가는 나날이 괴로워 몸부림치는 그 자리가 하나님을 새로이 만날 수 있는 기회이다. 우리의 약함은 그 너머로 하나님께서 소망하는 역사의 일꾼이 될 수 있는 가능성이 새로이 움트는 씨앗이다. 하나님은 바로 이런 모습을 아브라함을 통해 보여주신다.

신앙의 가장 중요한 한 요소

교회생활에서 성도에게 가장 중요한 것이 무엇일까? 교회는 어느 방향으로 성도들을 가르치고 양육을 해야 할까? 성도들은 어느 방향으로 자신의 신앙생활의 초점을 맞춰 나가야 할까?

교회는 여러 목적을 위해 성도들이 모이는 곳이기에 한 마디로 뭐가 중요하다고 말하기는 쉽지 않다. 그렇지만 그래도 가장 중요한 한 가지를 꼽으라면 무엇이 가장 중요한 요소일까?

어떤 사람은 교단이 중요하다고 한다. 물론 건전한 교단의 교회를 선택하는 것은 신앙의 기본이기에 중요하다. 그러나 교단으로 구원받는 것은 아니다. 교단은 단지 비슷한 뜻을 가진 목회자끼리 연합하여 구성한 여러 교회의 집합일 뿐이다. 또 어느 특정 교단에 속해 있다고 천국에도 교단별로 구역을 정해서 자리를 주는 것이 아니기에 교단이 신앙생활에 가장 중요한 요소라고 할 수는 없다.

또 어떤 이는 목회자가 중요하다고 한다. 물론 건전하게 교육을 잘 받고 훈련이 잘된 목회자와 신앙생활을 할 수 있다면, 그것은 참 복 있는 일이다. 하지만 목회자 중심의 신앙생활은 자칫하면 독선으로 빠질 수 있다. 아무리 목회자가 교육을 잘 받고, 능력이 뛰어나다고 해도 문제가 야기될 가능성은 언제든지 있기 때문이다. 그러니 어느 한 목회자의 뒤만 따르며 신앙생활을 하는 성도가 있다면, 그는 예수 그리스도를 믿는 것이 아니라 그가 존경하는 목회자를 믿는 신앙의 오류를 범하게 될 수 있다. 그러니 신앙생활에서 목회자가 가장 중요한 요소라고 말하기도 어렵다. 설사 능력이 조금 모자라고, 교육 배경이 뛰어나지 못하더라도 목회자의 본질에 충실하고, 욕심 없이 종교 지도자의 자질을 갖고 있다면, 그는 목회자로서 충분한 소양이 있는 것이다. 마치 예수님이 열두 제자를 선발하실 때, 제자들의 재능이나 사회적 신분이나 교육 배경을 염두에 두고 선발하신 것이 아님을 볼 때 타당한 근거가 될 것이다.

또 어떤 사람은 교육 시스템이 교회의 가장 중요한 요소라고 한다. 물론 좋은 교육 시스템을 갖고 어린이 주일학교부터 장년까지 질서정연하게 체계적으로 교육을 잘하는 교회라면 더할 나위 없이 좋을 것이다. 예수님도 마태복음 28장에서 제자들을 세상에 보내는 지상명령을 통해 당신의 복음을 가르칠 것을 명하셨으니 교회에서 교육은 중요한 요소임에 틀림없다. 하지만 일주일에 한두 번, 그것도 겨우 한 시간 남짓 모이는데 교회교육이 되면 얼마나 되겠는가? 또래 집단끼리 모여서 어울리는 친교적인 면이나 사회성에서는 좋을지 모르지만, 교회교육은 아무리 심혈을 기울인다고 해도 학교의 교육을 앞서갈 수는 없는 것이 솔직한 현실이다.

어떤 사람은 봉사를 많이 하는 것이 살아 있는 교회라고 한다. 예수님도 선한 사마리아 사람의 비유를 말씀하시며 이웃을 돌볼 것을 명하셨다. 그러니 교회가 어려운 이웃을 가까이하며 돌보는 것은 좋은 일이다. 하지만 봉사는 교회보다 사회의 봉사 전문 기관들이 더 잘한다. 교회의 봉사는 봉사하려는 마음만 앞서지, 사실 효과적인 면이나 기술적인 면에서는 사회사업이나 사회복지를 전공한 전문가들이 훨씬 잘해 낼 수 있다. 그러니 교회의 가장 중요한 요소를 봉사라 할 수도 없는 일이다.

만일 누군가가 내게 교회의 가장 중요한 한 가지를 꼽으라면, 나는 교회의 본래 모습을 지키는 것이 가장 중요하다고 말하겠다. 교회의 모습을 지킨다는 것은 교회의 본래 기능성을 말하는 것이다. 그 기능의 첫 번째 것은 예배이다. 그러니 교회가 교회로서 모습을 지키기 위해 가장 중요한 요소는 예배라 하겠다. 예배를 통해 은혜를 체험하고, 예배를 통해 신앙을 고백하고, 예배를 통해 하나님의 말씀을 깨닫는 것만큼 교회에서 중요한 것이 어디 있을까? 교회는 예배를 통해 죄인이 회개하고 새로운 마음으로 세상을 살아가도록 인도하는 역할을 하는 것이다. 그러니 교회에서 가장 중요한 것은 개인이 구원의 체험을 하도록 살아 있는 예배를 이루는 것이다.

"어느 형태의 예배가 좋으냐?" 하는 것은 교회 실정에 맞게 해야 할 것이다. 하지만 어떤 형태로든 우리가 신령과 진정으로 예배에 참여할 때 신앙이 살고, 사람이 살고, 교회가 살아나게 될 것이다.

고난이 축복

앞에 있는 시험이나 고난을 피하려다가 더 큰 어려움을 겪게 되는 경험을 해봤을 것이다. 대부분의 사람들은 이런 어려움이 자신의 인생의 여정 앞에 놓을 있을 때, 왜 나만 이런 어려움이 있는지 모르겠다며 한숨을 쉰다. 물론 사람이기에 누구든지 자신의 앞에 놓인 문제는 그 어떤 사람이 갖고 있는 어려움보다 더 크고 무겁다고 생각할 것이다.

어떤 경우에는 시련이 곧 축복이 되기도 하는데, 우리가 생각하기로는 시련이나 고난이 없는 것이 축복이라 생각한다.

하지만 아무런 어려움도 없이 모든 일이 평탄하기만 하다면 그것도 살아가는 의미가 없을 것이다. 삶의 진정한 의미는 자신의 미래에 어떤 계획을 세우고, 그 계획을 이루기 위해 부단히 노력하는 삶, 어려움과 불가능의 난관을 극복해 가며 한발 한발 앞으로 나갈 때 진정으로 고난에 맞서 싸워 나가는 아름다운 인생일 것이다.

운동선수가 경기에 나갈 때 그 목적이 단순히 참가하기 위해서가 아니라 우승이나 적어도 어느 정도 성적을 내려 한다면 그는 부단한 수고와 노력을 다해 가며 훈련과 연습을 해야 할 것이다. 현재 아무리 실력이 있다고 인정받는다 해도 어느 순간에 더 뛰어난 선수가 등장하지 말라는 법이 없기 때문이다.

챔피언이 되는 것보다 챔피언을 지키는 것이 더 어렵다는 말은 십분 이해가 가는 말이다. 그만큼 최고의 자리에 올라가는 것도 어렵지만 그 자리를 지켜가는 것은 더 어렵다. 그래서 사도 바울 선생은 성도의 삶을 운동 경기하는 선수에 견주었다.

고린도전서 9:24에 "경기장에서 여러 선수들이 다 함께 달리지만 우승자는 하나뿐이라는 것을 모르십니까? 이와 같이 여러분도 우승자가 되도록 힘껏 달리십시오"라고 했다.

여기서 달린다는 표현은 단 한번 달리고 마는 일회성이 아니라 부단히 멈추지 않는 경주이다. 신앙을 지켜가야 하는 우리 그리스도인들의 삶을 이렇게 비유적으로 선포하는 것이다.

바울은 우리가 이렇게 달려야 하는 이유는 다음 구절에서 말한다. "우승자가 되려고 경쟁하는 선수마다 모든 일에 절제합니다. 그들은 썩을 면류관을 얻기 위해 그렇게 하지만 우리는 썩지 않을 면류관을 위해 그렇게 해야 합니다."

보통사람들이 계획을 세우고, 미래를 설계하는 일들이 아무리 지속된다 해도 결국은 이 땅에서 끝나는 일이다. 하지만 우리 성도들의 삶은 이 땅에서 끝나는 것이 아니다. 바울 사도는 일반 사람들이 무엇인가 목표를 이루기 위해 절제하며 수고하는 그 모든 일들은 한시적이어서 썩을 면류관이라고 표현한 데 반해, 우리 성도들이 추구하는 일들은 이 땅뿐만 아니라 하나님의 나라까지 연결되기 때문에 썩지 않을 면류관이라 했다. 이는 곧 사람들이 이 땅 위에서 끝날 썩을 면류관을 위해서 그렇게 부지런히 노력하고 인내하고 나아가는데, 하물며 우리 성도들이 추구하는 일들이 그보다 훨씬 가치 있는 일이라고 믿는다면 더욱 절제하고 더 노력을 해야 할 것이라는 말씀이다.

바울은 그 다음 절에서 "그러므로 나는 목표 없이 달리는 사람처럼 달리지 않고 허공을 치는 권투 선수처럼 싸우지 않습니다. 내가 내 몸을 쳐서 복종시키는 것은 내가 남에게 전도한 후에 오히려 나 자신이 버림을 당할까 두렵기 때문입니다"라고 했다.

바울은 평생을 복음 전하는 선한 일을 위해 최선을 다하며 살았다. 나를 위한 삶보다는 남을 위해 살았다. 결혼도 하지 않고 오직 복음 전하는 그 한 가지 목표만을 위해 달렸다. 여기서 우리는 그렇게 다른 사람들을 바른 길로 인도하는 데 최선을 다하다가 정작 자신이 받아야 할 것을 놓칠까 두려워하는 마음으로 살아가는 바울의 모습을 볼 수 있다.

사람마다 살아가는 방식이 다르고, 생각하는 것이 다를 수 있다. 그러나 우리 그리스도인들에게는 공통의 목표가 있다. 그 한 가지를 위해 우리는 어떤 고난도, 난관도 극복할 수 있다. 그 한 가지는 하나님 앞에서 받게 될 생명의 면류관일 것이다.

우리가 아무리 많은 일을 이뤘다고 해도, 남보다 평탄하고 안정된 삶을 살았다고 해도 그 일이 우리에게 주어진 복의 전부라고 말할 수는 없다. 어렵고 힘들게 살아가는 인생이라고 재수가 없는 인생이나 운이 없는 인생이라고 할 수도 없다. 그리스도인들이 살아가며 자신의 인생 가운데 가장 중요하게 생각하는 것을 바라보며 달려간다면, 그 사람은 누구보다 복된 사람이다. 더욱이 성도의 본분을 지키며 자신을 절제하며 자신의 인생의 목표를 넘어서 하나님 나라의 일을 위해 헌신한다면 그보다 복된 인생은 없을 것이다. 바울 사도처럼 말이다.

기다림의 행복

우리 삶은 태어나면서도부터 기다림의 연속이다. 태중에 생명이 잉태되어 세상 밖으로 태어나기를 기다리는 데서부터 시작해서 하나님 앞으로 가는 날까지 기다림은 지속된다. 때로는 그 기다림이 너무나 힘들 수도 있다. 현실이 아프고 어려운 이들에게서 기다림의 시간은 고난이기 때문이다. 반대로 기다림이 곧 행복이 될 수도 있다. 기다림 뒤에 오는 기대감이 확실하거나, 기다림 뒤에 이뤄질 일이 가슴 벅찰 때 그 기다림은 감사 자체이다.

인류 역사에 가장 벅찬 기다림의 행복을 누린 사람을 성경에서 찾는다면 나는 두 말할 것도 없이 시므온이라 대답할 것이다. 그는 늘 죽기 전에 이 땅에 메시아로 오실 구주를 만나보기 원했다. 그 소망은 단순한 기대감이 아니라 평생의 소원이었다. 하나님은 시므온의 소원을 들으시고 그가 죽기 전에 메시아를 볼 것이라 약속하셨다. 시므온에게 주어진 하나님의 약속은 아파트 당첨권이나 좋은 직장에 취직되는 정도 이상의 기대감에 대한 약속이었다. 시므온의 기다림은 인류에게 새로운 희망을 주는 대사건의 증언자로서 서야 할 일이었다.

시므온은 적어도 하나님이 주신 약속이기에 그 약속이 성취를 믿고 자신이 해야 할 제사장의 사명을 감당하며 예루살렘 성전을 지켰다. 시므온이 믿는 하나님은 헛되이 말씀을 하는 분이 아님을 확신했기에 자신의 소망이 언젠가는 분명히 이뤄질 것을 믿었기 때문에 가능한 일이었다. 그리고 시므온의 소망은 마리아가 유대인의 전통대로 아기 예수님을 안고 성전에 들어옴으로 이뤄지게 되었다.

헌데 그 성전에는 시므온이라는 거장 말고 또 다른 기다림의 행복을 누린 과부된 선지자가 있었다. 그 선지자는 결혼한 지 7년 만에 남편과 사별을 한 뒤 84년 동안이나 성전을 떠나지 않고 기도에 전념한 안나라는 여선지자이다. 이 안나가 성전에서 기도하고 나오다가 시므온이 안고 축복하는 아이 예수님을 보게 되었다. 안나는 너무나 기쁜 나머지 그녀가 만나는 모든 사람들에게 아기 예수님에 대해서 말했다고 성경 누가복음 2:37은 기록하고 있다.

시므온과 안나를 통해서 주님 오시는 성탄절을 기대하는 오늘날 성도들이 본받아야 할 신앙의 모습이 있다. 기독교 역사의 중심에 섰던 시므온이나 단 두 구절만으로 기구한 일생과 그 인생의 노년에 누린 감격스런 장면을 보여준 안나 선지자의 이야기를 통해서 성탄을 맞는 우리가 생각해 봐야 할 신앙의 교훈이 있다.

맨 먼저 생각할 것은 우리의 신앙적 기다림은 너무나 조급하다는 것이다. 예수 기다림의 대명사로 불리는 시므온이나 단 두 구절밖에 기록되지 않았으면서도 누구보다 행복한 노년을 보낸 안나의 이야기는 기다림 신앙의 진수를 보여주는 장면이다. 그 기다림은 한

달 두 달의 문제가 아니다. 기약이 없는 기다림이다. 자신들이 죽기 전에 메시아를 볼 수 있는 약속은 있지만 그 때를 알 수 없는 불확실한 약속이다. 하지만 이들은 약속 하나만으로 기다릴 수 있었다. 오늘 현대 속에 살아가는 우리 성도들이 과연 기약 없는 기다림을 할 수 있을 지 의문이다.

또 하나 생각할 문제는 기다림의 자세이다. 시므온이나 안나를 보면 이들은 기다리는 동안 자신들이 감당해야 할 제사장이나 선지자의 직분을 이행하고 있었다는 점이다. 이들은 이미 나이가 들어 활동이 자유롭지 못할 정도가 되어 있었다. 요즘말로 하면 은퇴하고 여유로운 생활을 해야 할 입장이다. 게다가 약속 성취의 날에 대한 언급이 없으니 대충 짐작 가는 날을 어림잡아 그 때 가서 메시아를 맞이할 수도 있다. 하지만 이들 모두 자신들의 사명이나 직무 수행에 게으르지 않았다는 점을 간과해서는 안 될 것이다.

우리가 맡은 사명이나 직무가 무엇이든 그 일에 최선을 다하는 성도만이 기다림을 기다림 되게 하고, 그 기다림이 헛되지 않게 될 것이다.

하나님이 이 땅에 인간의 몸으로 오신 성탄이 가까이 왔다. 우리는 이미 오신 그 날을 기다리니 시므온이나 안나의 기다림보다는 훨씬 수월하다. 그렇다 해도 우리도 시므온과 안나의 심정으로 주님을 기다릴 때 우리가 맞는 성탄은 그 어느 때보다 값지고 의미 있는 성탄이 될 것이다.

삼갈의 막대기

구약성경 사시기에 보면 여러 사사들이 등장한다. 그 중에 단 한절로 사사의 모든 것을 기록한 부분이 있는데, 바로 삼갈에 대한 이야기이다. 사사기 3:31에 보면 삼갈은 소모는 막대기로 블레셋 군사 육백 명을 죽여서 히브리 사람들을 구했다고 기록하고 있다.

여기서 우리는 성경이 사사 삼갈이 다른 것이 아닌 소모는 데 사용하는 막대기를 사용해서 놀라운 일을 만들었다는 데 주목을 해야 한다. 삼갈이 능력이 뛰어나서 그가 사용하는 막대기로 600명을 죽일 수 있었을까? 아니면 막대기 자체에 무슨 능력이 있어서 그런 큰 일을 했을까?

결론은 마른 막대기지만 하나님의 뜻을 위해 사용되니까 그런 능력을 나타냈다는 것이지, 결코 삼갈이 무슨 능력이 특출하다거나 그가 사용하는 막대기 자체에 무슨 능력이 있어서 그런 것은 아니란 말이다. 마치 모세가 홍해를 가를 때 그가 사용한 마른 지팡이 자체의 능력이 특출해서 홍해를 가른 것이 아니라 모세가 지팡이로 홍해를 내리 칠 때 하나님의 능력이 나타났다는 기사의 반복이라 보인다.

그럼에도 불구하고 삼갈이나 삼갈의 지팡이는 가치 없는 허깨비라 할 수 없다. 연약하고 보잘것없지만 믿음으로 주님을 위해 사용하니까 거기에 그런 능력의 역사가 나타나게 되는 것이다.

우리 교회에 출석하는 여러 어른 가운데 연세 90을 바라보시는 김순애 부교님(주: 구세군교회에서는 집사를 부교라 호칭한다.)이 계시다. 30여 년 전에 우리 교회에 나오기 시작한 이래로 한 번도 변함없이 우리 교회만을 고집하는 분이다. 몸이 움직일 수 있을 때에는 자선냄비 봉사도 열심히 하시고, 교회에서 하는 일에는 어김없이 나서서 일하신 분이다. 하지만 연세가 들고 보니까 어느 날부터 몸이 뜻대로 말을 듣지 않아 봉사에 참여하지 못하신다. 교회를 위해서 하고 싶은 일은 많은데 그 일을 할 힘이 없어서 언제나 안타까운 마음으로 기도하시는 분이다.

우리 교회 행사에 음식을 만드는 일을 하는데, 가장 큰 일은 꽃이를 만드는 것이었다. 시간이 허락하고 여건이 되는 교우들이 틈틈이 교회로 나와 일을 하는 데, 이 분은 하루에 6시간 이상을 자리에 앉아 꽃이 만드는 일에 참여하는 것이다. 모두가 말려도 내가 할 수 있는 일을 하는데 왜 말리냐며 고집스럽게 일을 하셨다.

일을 다 마치고 김순애 부교님을 따로 만났다. 힘든데 왜 그렇게 봉사에 많은 시간을 들이시는지 물었다. 그러자 부교님은 "내가 교회를 위해서 뭔가 하고 싶은 데 몸이 안 따라서 못했습니다. 자선냄비 봉사도 하고 싶고, 심방 다닐 때 따라다니고도 싶고... 헌데 나는 이제 더 이상 이 교회에 필요가 없는 사람인가 보다 하고 생각을 했습니다. 그런데 이번에 일을 해 보니 내가 아직도 교회에 필요한 사람이라는 확신에 마음이 뿌듯합니다" 하는 것이다.

자신이 아무 쓸모가 없는 인생이 아니라, 아직도 누군가를 위해 무엇을 할 수 있다는 마음이 그분에게 큰 작용을 한 듯하다.

나는 교회에서 행사 하나를 이뤄가며 김순애 부교님을 통해 큰 감동을 받았다. 하나님 앞에 삼갈과 같은 지도력이 있든, 삼갈의 막대기같이 별로 소용이 없는 존재이든, 우리 스스로가 믿음으로 자신을 드리고자 하는 마음만 있다면 하나님은 바로 그 사람을 사용하신다는 진리를 새삼 깨달았다.

세상에는 잘나고 똑똑한 사람들이 참 많다. 그러다 보니 내가 없으면 안 된다는 자만심 내지는 교만함으로 가득한 분들이 참 많은 것 같다. 물론 많이 배우고, 사회적 경륜도 많고 그래서 모두가 인정해 주는 사람이라서 어느 일이든지 앞장을 서야 하겠지만, 그런 사람들이 잊고 있는 것이 하나 있다. 그것은 바로 하나님은 마른 막대기로도 블레셋 군사 600명을 죽이시는 분이라는 사실이다. 그러니 어떤 모양으로 하나님 일에 참여하든 언제나 겸손함을 잊어서는 안 될 것이다. 왜냐하면 하나님은 내가 필요해서 부른 것이 아니라 나를 불쌍히 여겨서 부르셨기 때문이다.

바벨탑 사건과 현대 군중의 무지함

구약성경에 보면 창조 설화 내용의 마지막 부분을 장식하는 내용은 바벨탑의 사건이다. 아마도 바벨탑 사건은 오늘날 인류가 흩어져 살게 되는 결정적인 계기가 된 사건이라 보인다.

이 사건은 순서로 따지면 노아 홍수 사건 뒤에 등장한다. 노아 홍수가 일어난 후 얼마나 있다가 바벨탑 사건이 일어났는지는 정확히 알 수 없다. 어쨌든 그 바벨탑 사건은 우리 인류가 서로 다른 언어로 살아야 하는 고통을 안겨주었다. 이 바벨탑 사건의 경위를 살펴보며, 이 사건이 오늘을 사는 우리 현대인들에게 주는 교훈이 보이는데, 이 교훈을 사회학적인 관점에서 살펴보자.

창세기 11:1에 보면 바벨탑 사건의 빌미를 제공하는 원인이 아주 간단하게 나오는데 "온 땅의 구음이 하나이요 언어가 하나이었더라"이다. 서로 간에 말이 통하는 대중은 누군가의 선동에 의해서 노아 사건 후에 주신 약속은 뒤로하고 11:3-4 이하에서 말하기를 "벽돌을 만들어 견고히 굽자 하고 이에 벽돌로 돌을 대신하며 역청으로 진흙을 대신하고, 또 말하되 자, 성과 대를 쌓아 대 꼭대기를 하늘에 닿게 하자" 했다. 성경은 바벨탑을 쌓는 이유를 "우리 이름을 내고 온 지면에 흩어짐을 면하자"는 것으로 명시하고 있다.

언뜻 보면 대중을 선동하기 위해 내놓은 제안이 그럴듯하다. 왜냐하면 당시의 역사적인 상황으로 미루어 본다면 청동기시대에서 철기시대로 넘어가는 과도기로 짐작이 가는데, 이 당시는 부족이나 작은 국가를 형성하여 생활의 거점을 마련하는 시기라서 그 무리를 떠난다는 것은 곧 삶의 터전을 잃는 것과 같이 심각한 일이었다. 때문에 그들은 서로 하나로 뭉치기 위한 방편으로 바벨탑을 쌓은 것이다.

그런데 왜 하필이면 부족이나 국가의 형태를 띤 이들이 군사훈련을 더 철저히 한다든지, 아니면 의식주의 문제를 해결하기 위해서 농업 기술을 개발하거나 집을 더 견고히 짓는 데 집중을 해야 하는 것이 더 분명한 해결책인데도, 그런 눈에 보이는 문제 해결을 위한 노력보다는 바벨탑을 쌓음으로 흩어짐을 면하자는 논리가 받아들여졌는지가 의문이다.

어쨌든 그들은 당시로서는 획기적인 탑을 쌓았다. 그 높이가 얼마나 되는지는 아무도 알 수 없다. 하지만 이집트의 스핑크스를 보면 현대 과학으로도 설명이 안 되는 높이로 쌓았음이 분명하다.

이들이 탑을 쌓은 더 확실한 의도는 굳이 살펴보지 않아도, 그 안에 하나님의 인도하심이나 권위에 도전하려는 인간들의 의지가 숨어 있음을 아주 쉽게 알 수 있다. 물론 이런 해석은 우리 성도들의 입장에서 보는 신앙적인 관점이라 여겨진다.

인간의 노력으로 높은 탑을 쌓은 것을 보신 하나님은 어떤 태도를 취하셨을까? 창세기 11:5 이하를 보면 하나님은 사람들의 쌓아 올리는 성과 대를 보시려고 강림하셨다 했다. 그 바벨탑을 쌓아 올리는 모습을 보신 하나님은 바벨탑을 무너뜨림으로 당신의 권위에 도전하려는 인간들의 의지를 단번에 꺾으셔야 했는데 하나님은 다른 조취를 취하셨다.

바벨탑을 쌓은 원인을 창세기 11:6에서 말해 주는데 "이 무리가 한 족속이요 언어도 하나이므로 이같이 시작하였으니" 했다. 하나님께서는 바벨탑을 쌓을 수 있는 원인은 그들이 서로 말이 통하기 때문이라 판단을 하신 것이다. 그래서 취하신 조치가 11:7에 나온다. "자, 우리가 내려가서 거기서 그들의 언어를 혼잡케 하여 그들로 서로 알아듣지 못하게 하자."

하나님이 취하신 행동대로 언어를 혼잡하게 만들자, 갑작스레 언어가 통하지 않는 사람들은 더 이상 바벨탑을 쌓는 일을 강행할 수 없었다. 우리가 감히 생각할 수 없는 해결책을 갖고 계신 하나님의 지혜를 알 수 있는 사건 종결의 모습이다.

이 사건을 두고 대부분의 목회자나 성도가 나누는 은혜로운 말씀은 우리가 하나님 앞에 교만의 바벨탑을 쌓으면 하나님의 진노가 임하니 겸손해야 한다는 내용으로 은혜를 받는다. 교만한 자를 멀리하시고, 겸손한 자를 찾으시는 하나님이시기에 바벨탑 사건을 통해서 겸손을 배우는 것은 하등 잘못될 바가 아니다.

하지만 여기서는 개인적인 신앙의 모습이나 신앙의 훈련을 말하기는 어딘지 부족하다는 느낌을 받는다. 왜냐하면 바벨탑은 개인 홀로 쌓을 수 있는 도전의 행위가 아니기 때문이다. 그 일은 다분히 대중이 함께 공감하여 실행에 옮긴 사건이다.

신앙의 대중화는 많은 면에서 유익을 준다. 감히 나서지 못하는 일에 누군가가 나서줌으로 함께 동참하게 한다. 홀로 감당하기 어려운 일을 여럿이 힘을 합해 이룰 수도 있다. 이런 장점 때문인지는 모르지만 현대 교회는 조직적으로 나아간다.

그런데 가끔은 이런 조직화가 좋지 못한 의도를 가지고 힘을 발휘할 때는 걷잡을 수 없는 폐단이 뒤따른다. 대부분 불순한 의도로 세몰이를 하는 이들이 조직을 만들어가며 내세우는 것은 자신들이 진정으로 교회를 위하는 것이며, 정의를 따르는 자들이고, 하나님의 편에 선 이들이라는 명분이다. 이런 명분에 의해 한목소리를 내는 이들이 세력을 키운 뒤 자기주장을 내기 시작하면 아무도 말릴 수 없다. 한 뜻과 한 목소리를 내기 시작했으니 자기들만의 바벨탑을 쌓아나가기 시작하는 것이다.

그렇다고 그 조직을 함부로 와해시킬 수도 없다. 다 떠나버리면 교회는 엄청난 타격을 받으니 싫으면서도 한울타리 안에 있어야 한다. 반대로 자기들만의 바벨탑 같은 세력을 키운 이들이 떠날 리는 만무하다. 오히려 더욱 자리를 지킬 것이다. 이런 파벌주의 내지는 분열이 교회 내에 심심찮게 벌어진다.

한 예로 타운에서 그래도 크다는 교회가 어느 날부터 분열이 일기 시작하더니 순수하게 교회를 나오는 이들은 자의반 타의반으로 다 떠나게 만들고, 바벨탑 쌓기에 모여든 이들만이 교회를 지키며 정의의 지킴이라고 자만하는 일들이 일어나고 있다. 이런 관점에서 바벨탑 사건을 바라보면 교회나 단체와 뜻이 맞지 않는다 하여 내 뜻에 맞는 사람을 규합하여 세력을 키워 맞서는 것은 결단코 하나님의 뜻이 아닌 듯하다.

어느 교회든지 문제의 소지를 느낀다면 우선 먼저 각자가 바벨탑을 쌓아가는 주체가 아닌지를 살펴야 할 것이다. 그런 연후에 서로가 한 발짝씩 양보하여 내 목소리가 아닌 하나님의 목소리에 귀를 기울여야 할 것이다. 이것이 교회가 문제를 풀어가는 가장 최선의 방법일 것이다.

프로들의 간증(1)

기독교 신앙행위 가운데 간증이라는 것이 있다. 간증은 자신의 신앙의 체험을 타인에게 나누는 것이다. 사실 초대교회가 성장할 수 있었던 요인 가운데 하나는 초대교회 성도들이 예수를 통해서 받은 인생의 새로운 가치를 체험하고, 이를 나눴기 때문이다.

초대교회의 성장 원인은 영적 권위를 갖고 신앙을 지도한 사도들의 지도력 때문이기도 했지만, 그보다 더 확실한 원인은 평신도 성도들의 신앙적 체험과 그 체험에 대한 증거일 것이다. 예루살렘 교회가 기독교 신앙으로 인해 박해를 당할 때 많은 평신도들이 박해를 피해 예루살렘을 떠났다. 이들은 가는 곳마다 교회를 세우고, 신앙 공동체를 형성해 나갔다. 이렇게 세운 교회 중에 가장 대표적인 교회가 안디옥 교회이다. 안디옥 교회는 예루살렘 교회에 비해 교회의 권위 면에서 뒤쳐졌지만, 실제적인 선교나 교회 활동 면에서는 예루살렘 교회보다 앞서 있었다.

안디옥 교회의 중추 세력은 기독교 신앙을 몸으로 체험한 평신도들이며, 이들은 안디옥을 거점으로 새로운 공동체를 형성하였다. 이들이 그리스도의 복음을 전할 때는 신학적 논리나 교리적 이론이 아닌 자신들의 신앙체험을 나누는 간증의 방식으로 전도를 했다. 비록 기도의 기적이나 성령운동은 아니더라도, 이들의 살아 있는 기독교 신앙체험의 간증은 사도들의 복음전파 운동 이상으로 폭발적 능력을 가져와 엄청난 수적 증가를 이뤄 예루살렘 교회보다 더 많은 일을 할 수 있는 능력을 갖추게 되었다.

기독교의 종교는 머리로 이해하는 논리적 체계나 철학의 이론이 아니다. 기독교 종교를 그런 식으로 이해하려다 보니 좀 배웠다는 지식인들이 기독교에 대해 잘못된 인식을 하거나, 형이하학적인 면으로 치부하는 것 같기도 하다. 물론 모든 이론에는 인식의 과정이 있어야 한다. 그런 면에서 기독교에도 믿음에 앞서, 믿음을 갖기 위한 단계가 필요하다고 하겠다. 어떤 사물의 이해나 새로운 이론을 받아들이는 데는 체계적 이론이 세워져서 그 이론을 바탕으로 인식을 하고, 인식을 한 논리 위에 이해가 가능해지고, 이해가 되면 믿음도 오게 된다는 말을 한다. 이러한 과정은 누가 들어도 이해가 되는 일반적 지식 습득의 과정이다.

그러나 기독교 종교에서 말하는 신앙은 우리 머리로 이해되는 인식의 과정 단계를 건너뛴다. 오히려 일반적 인식의 단계가 기독교 신앙을 방해하는 요인이 될 수도 있다. 왜냐하면 기독교 종교는 가슴으로 느끼고, 마음으로 고백하는 체험의 종교이기 때문이다.

이런 체험의 바탕 위에 교리공부나 제자훈련이나 기타 기독교 신앙교육이 형성되어 가는 것이 기독교 신앙의 과정이다. 이 과정에서 성도가 예수 그리스도를 체험하고, 그 체험을 자신의 입으로 말하는 것을 일명 간증이라 한다. 간증은 자신이 체험한 예수를 혼자 간직하는 것이 아니라 누군가와 나눔으로 자신과 비슷한 처지에 있는 이들에게 공감대를 형성케 하여 신앙의 도전을 주는 역할을 한다. 그러니 간증은 자신의 신앙을 자랑하는 방편이 아니라 오히려 은혜에 대한 고백이며 예수 그리스도에 대한 증거이다. 그러므로 간증을 할 때 자신은 철저히 그리스도의 십자가 뒤에 감춰야 하고, 오직 예수 그리스도의 이름만이 증거되어야 한다.

그런데 요즘 신문의 광고란에 종종 등장하는 간증집회를 대할 때 왠지 걱정스런 마음이 든다. 한국에서 전도를 많이 해서 유명해진 전도인들이 자신이 전도했던 수많은 일화들을 엮어내는 전도에 대한 간증집회를 하는 것에 대해서 석연치 않은 마음이 든다. 왜냐하면 간증이라는 것이 예수 그리스도의 체험에 대한 증거가 그 주된 역할임에도, 한국에서 오신 유명한 전도인들이 전하는 전도는 거의 대부분이 자기 자랑이기 때문이다.

또 그런 전도 간증집회를 개최하는 교회 측이 교인들에게 자극을 주어 더 많은 전도를 하게 하려는 방편은 이해가 되지만, 이미 프로인 전도인이 전하는 자기 자랑을 듣는 평신도가 교회 측의 의도를 이해하지 못할 리 없음을 교회가 알아야 할 것이다.

프로들의 간증(2)

그동안 가까이 지내던 목사님 한 분이 간증집회를 해보지 않겠느냐며 전화를 주셨다. 강사는 한국뿐만 아니라 미국에서도 유명한 전도집회 전문전도사라는 것이다. 어느 교회 목회자 치고 교회 부흥을 마다할 사람은 없을 것이다. 나 역시 마찬가지이다. 그래서 그 전도사를 만났다. 그분은 자신이 집회한 교회며 성과에 대해서 소개를 했다.

한동안 그분의 말을 듣다가 "그렇게 집회를 많이 다니면 언제 전도를 하는지"를 물었다. 그랬더니 "이제는 일선에서 직접 전도하는 것보다 집회를 다니며 과거에 자신이 터득한 노하우나 체험을 나누는 일을 사명으로 여긴다"고 하는 것이었다. 기회가 되면 연락을 드리마고 헤어졌다. 그 후로 연락을 하지 않자 다시 목사님으로부터 "왜 전도집회를 주선하지 않느냐"는 연락이 왔다. 나는 그의 말에 거절 의사를 밝혔다. 그리고 그 이유에 대해 전도집회를 인도하겠다는 분이 전도를 자신만의 노하우나 노력의 성과라 여기는 것이

비성서적인 듯하다고 대답했다.

전도가 무슨 물건을 파는 것도 아니고, 상품을 선전하는 것도 아님에도 불구하고 마치 전도를 물건을 많이 팔기 위한 전략으로 도구화하는 것은 어딘지 모르게 성경이 말하는 전도와는 걸맞지 않은 것 같다. 성령의 역사와 하나님의 은혜로 되어지는 것이 전도임에도 불구하고 자신의 체험을 나누는 일이 한두 번이 아니라 여러 번 거듭함으로 프로화되어 버리는 것이 어쩐지 마음에 와 닿지 않았다.

교회는 많은 사람이 모여야만 교회가 되는 것이 아니다. 단 10명만 모인다 해도 그곳에서 하나님의 말씀이 온전히 선포되고, 예수 그리스도의 십자가가 선포된다면 바로 그곳이 교회이다. 이런 교회가 세속의 장사 속에 묻혀 교회 본연의 모습을 잃어버린다면, 그것은 교회로서 생명력이 없는 한낱 사람들의 친목 모임으로 전락해 버리게 될 것이다.

기실 초대교인들의 간증하는 삶은 많은 수의 사람들을 교회로 이끌어 들인 비결을 전수하는 것이 아니었다. 전도로 인해 타인에게 주목을 받고자 함도 아니었다. 초대교인들은 그들의 생활로 전도를 했다. 초대교회 공동체의 삶의 모습이 곧 전도가 된 것이다.

교회 안에서 뿐만 아니라 교회 밖에서 보여주는 한결같은 성도의 자세는 당시 어떤 종교인이나 사회 계층의 사람들보다 한층 높은 도덕성을 보여줬고, 계급사회를 바탕으로 세워진 사회구조 속에서 계층과 계급을 뛰어넘어 보여주는 예수 그리스도의 헌신적 사랑으로 감동을 받은 교회 주변의 이웃들이 박해의 표적이 될 줄 알면서도 교회로 몰려들었다. 그래서 사도행전은 처음 120명으로 시작된 초대교인들이 장을 넘겨가면서 그 수가 헤아릴 수 없을 만큼 증가

한 것을 우리에게 보여주고 있다.

초대교인들은 교회 안에 모여 예배와 교육과 친교로 하나가 될 뿐만 아니라 지역사회에 당면한 문제를 읽고, 그 문제 해결을 위해 신분과 계층을 가리지 않고 도움의 손길을 나눴다. 교회 안에 모여 말씀의 교육과 예배로 인해 다져진 신앙을 실천을 통해서 굳건히 해나간 것이다. 그러니 간증집회를 인도하는 자라면 누구나 초대교회 성도들의 간증의 삶을 보고, 배워야 할 것이다. 말로 전하는 전도가 아니라 행함과 신실한 삶으로 보여주는 것 말이다. 결국 효과적인 전도라 하는 것, 혹은 간증이라 하는 것은 입으로 전달하는 구술적 나눔보다는 손과 발과 몸으로 실천할 때 더욱 탄력을 받게 될 것이다.

교회 밖에서 교회를 비판적 시각으로 바라보는 대부분의 사람들은 교회 나가는 사람들을 가리켜 말 잘하는 부류로 단정을 한다. 교회 나가서 느는 것은 말하는 재주뿐이라고도 한다. 교회 나가는 사람들은 귀와 입만 천국에 간다고도 한다. 이런 말은 결코 칭찬이 아니다. 말만하고 실천은 없는 껍질뿐인 신앙인의 허상을 꼬집는 날카로운 비판이다. 교회 나가는 사람이 아니라 예수 믿는 사람, 예수의 제자가 되어야 한다. 그래서 귀와 입만으로 할 일을 다 하는 허울뿐인 신자가 아니라 귀로 들은 것을 몸으로 실천함으로 생활 자체가 곧 간증이 될 때 하나님의 복음은 살아 운동력이 있는 능력의 말씀으로 살아날 것이다.

믿음의 크기

교회를 나가는 교인들이 가장 많이 사용하는 단어는 단연코 "믿음"일 것이다. 그만큼 교회 생활에서 믿음은 필수불가결한 중요한 일이다. 그래서 교회를 나가는 성도들이 말하는 대화 가운데 믿음이 크다든지 아니면 믿음이 작다든지 하는 말을 종종 듣곤 한다. 혹자는 믿음이 있다든지 믿음이 없다는 말을 하기도 한다. 도대체 믿음이 무엇이기에 눈에 보이지도, 손에 잡히지도 않는 추상적인 것을 분량으로 또는 크기로 말하는 것일까?

믿음이 무엇인지 그 정의를 단편적으로 보여주는 곳은 신약성경 히브리서이다. 히브리 기자는 분명한 어투로 "믿음은 우리가 바라는 것들에 대한 실물이며 보이지 않는 것들에 대한 증거"(히 11:1, 현대어 번역)라고 분명하게 명시하고 있다. 이 말을 쉽게 풀이하면 믿음이란 우리가 바라고 소망하는 어떤 대상이나 목적이 전혀 보이지 않는 것이거나, 당장에 이뤄질 것이 아니거나, 혹은 당장에 잡히지 않는 것일지라도, 반드시 이뤄질 것이고, 반드시 실현될 것이라고 확신하는 것을 말한다.

　그러면 믿음의 분량은 어떻게 측정할 수 있는가? 예수님은 복음서를 통해서 어떤 이에게는 믿음이 없음을 책망하시고, 어떤 이에게는 믿음이 있음을 칭찬하셨다. 믿음이 있는 이들은 몸에 이상이 있든, 아니면 정신적인 장애를 겪든 고침을 받았다. 반대로 믿음이 없는 이들을 향해서는 추상같은 어조로 책망을 하셨다. 그런데 이상스럽게도 그 책망의 대상은 대부분 예수님의 제자들이거나 당시 종교계와 사회 지도층에 속하는 제사장 또는 바리새인들이었다. 우리는 여기서 예수님의 치료의 수혜자들과 책망의 대상이 된 두 그룹을 비교해 볼 필요가 있다. 이 두 그룹에 대한 예수님의 태도가 극명하기 때문이다.

　첫째 그룹에 속하는 이들에게 나타나는 공통점은 다음과 같다.

　1) 대부분 예수님을 처음 대한다는 것이다. 다만 소문으로는 그분의 능력을 들었을 경우는 있다. 2) 그러므로 이들은 예수님의 뒤를 따르며 봉사를 한 것도 아니고, 인정받을 만한 업적을 남길 리도 없고, 성전을 지어서 봉헌한 이들도 아니며 그럴 만한 능력이 있는 것도 아니다. 3) 이들은 대부분 하층민에 속한다. 주인을 섬기는 종이거나 걸인이거나 경제 활동 능력이 없는 무능력자에 해당된다. 4) 이들이 예수님으로부터 기적과 같은 치료의 수혜를 받았음에도 불구하고 그에 대한 감사의 보상으로 물질이나 헌물을 드린 사람은 단한 사람도 없다. 다만 몇 사람은 예수님께 감사의 인사로 대신할 따름이었으며, 대부분은 감사의 인사조차도 생략을 했다.

　둘째 그룹에 속하는 이들의 공통점은 다음과 같다. 1) 대부분 예수님의 뒤를 따르며 그분이 하는 일을 감시 내지는 주시하고 있다는 것이다. 그러므로 이들은 예수님이 능력을 베푸는 사건을 여러 번 목도했음에 틀림이 없다. 2) 이들은 종교적으로도 흠이 없고, 도덕적으로도 무결하며, 다방면에서 타의 추종을 불허할 만한 능력을 가진 계층이다. 그래서 모든 이들에게 인사 받는 데 주저하지 않았고, 종이나 하수인을 부리는 데 익숙했다. 3) 그러므로 이들은 피라미드 구조의 상층부에 속하는, 평민들보다 훨씬 우위를 점하는 신분을 가진 이들이다. 경제적으로도 풍족하며, 당시의 종교뿐만 아니라 문화나 법제나 모든 사회 전반의 움직임을 주도하는 세력의 무리들이다. 4) 이들이 예수님으로부터 기적적 치료의 수혜를 받았다면 얼마든지 물질로 보상할 수 있는 형편인데, 불행히도 이들은 예수님의 기적 수혜 그룹에는 들지 못했다.

우리는 위의 두 그룹의 비교를 보며 믿음의 크기에 대한 불명확한 측정법의 공식을 희미하게나마 도출해 낼 수 있다.

첫째, 예수님을 잘 모르는 상태에서 교회 출석을 시작한 첫 번째 그룹의 교우와 모태신앙이거나 이미 오랫동안 예수님을 믿는다며 교회 출석에 충실한 이들인 두 번째 그룹의 믿음의 크기는 똑같은 저울추로 측정할 수 없다는 것이다. 교회에 처음 발을 디딘 사람의 믿음의 수치가 1/100이라면, 오랫동안 교회를 다니며 스스로 성도라 예수의 제자라 자칭하는 이들은 80/100 이상은 되어야 적어도 비등한 믿음의 크기가 된다는 말이다.

둘째, 첫 번째 그룹에 속한 이들이 드리는 감사의 인사는 두 번째 그룹이 드리는 습관적인 헌금이나 보상보다 훨씬 가치가 높다는 것이다. 그러므로 두 번째 그룹이 헌금을 드릴 때 첫 번째 그룹과 비슷한 정도의 믿음의 분량이 되려면 액수뿐만 아니라 감사도 빠져서는 안 될 일이다.

　셋째, 첫 번째 그룹에 속하는 이들이 시간과 여건과 여러 상황으로 주일조차 제대로 지키지 못해 가뭄에 콩 나듯이 교회를 출석한다고 해도, 모든 여건이 갖춰져서 매주마다 교회에 나가 입을 벌려 찬송을 하며 예배에 참여하는 이들보다 그 믿음의 분량 면에서는 더 크다는 인정을 받게 될 것이다. 그러니 교회의 주도세력을 점한 이들이 새 신자 그룹에 비등한 정도의 믿음의 크기로 인정받으려면 습관적 예배를 버리고 신령과 진정으로 드리는 예배가 되어야 할 것이다.

　그러면 과연 누구의 믿음이 클 것인가? 답은 간단하다. 자신을 겸손히 낮추고 가슴으로 예수 그리스도를 고백하는 사람, 처음의 마음을 변질시키지 않고 끝까지 지켜가는 성도, 예수 그리스도를 자랑하며 살 자격이 있는 이들은 분명코 믿음이 크다 하실 것이다.

선과 악이 공존하는 이유(1)

세상에 법 없이도 살 만한 사람들을 들여다보면 대부분 넉넉하지 못하게 살아간다. 남 속일 줄도 모르고, 이문을 남길 줄도 모르고, 그러다 보니 늘 손해 보며 살 수밖에 없는 사람들이다.

돈 빌려줬다가 못 받아도 그러려니 살고, 아는 사람이나 절친한 사람의 재산 보증도 거절하지 못하고 피해를 입을 줄 알면서도 서 준다. 착하기 이를 데 없는 이런 사람들은 한마디로 우리가 사는 경쟁사회 속에서 살아남을 수 없는 약해빠진 사람들로 치부되기 십상이다.

반대로 모질기도 하고, 욕심도 많고, 받을 줄은 알면서 줄 줄은 모르는 사람들, 모로 가도 서울만 가면 된다는 식으로 남의 밥줄은 아랑곳하지 않고 자신의 목적 달성을 위해서는 수단 방법을 가리지 않는 사람들이 실상 사는 것을 보면 경제적으로 풍요롭다. 이 부류에 속한 사람들이 주장하는 것은 뭐처럼 벌어서 정승처럼 사는 것이다.

일반적으로 또는 객관적으로 볼 때, 하나님은 공의의 하나님이시라면서 어째서 이런 부조리함에 눈 감고 계시는지 알 수가 없다. 하나님이라면 응당 정의를 바로 서게 하고, 불의는 넘어지게 하셔야 한다. 옳은 일을 하는 사람은 복을 주셔서 건강하게 살고, 경제적으로도 풍요롭게 하셔야 한다. 무슨 일을 하든, 나가나 들어가나 복을 받아 넉넉한 인생이 되어야 한다. 반대로 악을 일삼고, 방탕하게 살며, 세상의 온갖 부도덕한 일을 일삼는 이들은 응징을 하셔야 한다. 성경에 나오는 소돔과 고모라 사건이 우리와 무관한 것이 아니라 부도덕하게 사는 이들의 말로를 보여주는 것으로 알고, 이런 부류의 사람들 위에 불이 하늘에서 떨어지든지 아니면 무슨 일이든 닥쳐서 하나님이 살아 계심을 알도록 해야 한다.

남들 다 장사하는데 믿음으로 주일은 쉬며 교회에 나가 일하는 성도가 일 년 365일 하루도 안 쉬고 종업원들을 혹사시키는 업주보다 훨씬 잘살아야 한다. 조금만 여유가 생기면 남 돕는 일에 앞장서는 이들이 자기 위해서는 별 짓을 다하면서도 남을 위해서는 $1도 아까워 벌벌 떠는 이들보다 훨씬 잘살아야 한다.

어려서부터 남 섬기는 것을 가르치고, 교회 봉사에 참여하게 하고, 무엇보다 착하게 인생을 살라고 가르치는 집안의 자녀들이 돈이 최고이며, 무슨 수를 써서라도 잘살고 보는 것이 좋다는 것을 몸으로 보이는 가정보다 잘되어야 한다.

그런데 우리의 현실은 정말 하나님이 살아 계시기나 한지 알 수 없을 정도로 부조리하다. 선하게 사는 사람은 현실적으로 경제적으로 가난하다. 그러나 누가 봐도 사람으로서는 해서는 안 되는 일을 일삼는 이들이 오히려 잘사는 것을 보면 하나님을 믿는 신앙이 우리에게 정말 필요한 일인지 의구심도 든다.

　교회에서는 봉사 많이 하고 헌금도 많이 하는 신앙인이지만, 일단 직장에 가기만 하면 악덕 기업주에다가 불법체류자의 임금은 어떻게든 주지 않고, 봉급 주는 것 이상으로 부려먹는 이들이 아직도 하늘 무서운 줄 모르고 사는데도 여전히 별 탈 없이 사는 것을 보면 왜 하나님은 높고 높은 데서 이 낮은 곳에 사는 인간들의 처절한 삶을 그저 수수방관하시며 즐기시는 것인지 도무지 알 수가 없다.

　하나님의 전이라 하는 교회를 갖고 이권에 눈이 어두워 법정 싸움도 불사하는 현실, 교회 재산이 불어나 땅 값이 올라가면, 신앙이고 믿음이고 헌신이고 다 팽개치고 눈앞의 돈이 우선이 되는 현실에 과연 우리의 선교나 전도가 무슨 소용이 있는지 모르겠다.

　만나는 사람마다 목사이고, 전도사이고, 장로이고, 집산데 어찌 타운의 술집은 그렇게도 활기를 띠고, 매춘은 끊이지 않고, 마약은 갈수록 확산이 되고, 방황하는 청소년은 점점 늘어 가는지 알 수 없다.

　혼자서 죽는 것이 아쉬워 그러는지 아니면 가족들을 끔찍이 사랑해서 그러는지는 모르지만 가장이 일가족을 다 죽이고 자살하는 기사는 신문 사회면을 심심찮게 장식한다. 가정의 폭력은 극심해 가고, 신용이니 믿음이니 하는 말은 이제 더 이상 우리 사회 속에 사용할 수 없는 단어가 되었다. 정말 여기가 청교도가 세운 축복을 받은 나라 미국이 맞는지 의심이 갈 때가 많다.

선과 악이 공존하는 이유(2)

가끔 왜 하나님은 악을 가만두시는지 궁금해 왔다. 우리가 알고 있는 믿고 있는 하나님은 정의의 하나님이시다. 그런 분이라면 응당 선한 사람은 복을 주시고 악한 사람은 벌을 주셔야 한다. 그래야 악한 사람들이 하나님 무서운 줄 알고, 선한 사람들은 더 열심히 선을 쌓아갈 것이다. 그런데 이상스럽게도 하나님은 언제나 침묵을 하신다.

예를 들어 하나님의 교회에 분란을 일으키고 싸움을 만드는 이들이 있을 때, 하나님은 도대체 그런 사람들을 왜 가만 놔두시는지 알 수 없다. 적어도 그리스도의 십자가가 머리되는 교회라면 하나님의 성령이 강권적으로 역사하여 하나님의 뜻을 거스르는 이들을 단호하게 벌하시어 하나님의 살아 계심을 보여야 하나님의 교회에 권위가 서는데도 하나님은 가만히 계신다.

소위 하나님의 부르심을 받았다는 이들이 겉으로는 거룩하고 외모로는 세상의 모든 성령 체험은 다 한 듯하면서, 뒤로는 교회를 등에 업고 이득을 챙기고, 자기 파벌을 조성하여 기득권을 행사하고,

교회와 하나님 알기를 우습게 아는 이들이 아직도 벌건 대낮에 활보하고 다니는 세상이 부조리하게 생각된다.

그러면 정말 하나님은 아무런 말씀도 없이 세상이 어떻게 되어가는 수수방관만 하시는 분인가? 하나님의 교회가 둘로 나누어지든 말든, 교회를 팔아먹든 말든, 하나님은 상관치 않으신다는 말인가? 하나님은 결코 그런 분이 아니다. 여기에 대한 해답을 사도 바울이 주고 있다. "성경이 바로에게 이르시되 내가 이 일을 위하여 너를 세웠으니 곧 너로 말미암아 내 능력을 보이고 내 이름이 온 땅에 전파되게 하려 함이로라 하셨으니 그런즉 하나님께서 하시고자 하시는 자를 긍휼히 여기시고 하고자 하시는 자를 강퍅하게 하시느니라"(롬 9:17-18).

모세가 인도하는 히브리 백성들이 430년의 노예 생활을 청산하고 하나님의 약속의 땅 가나안에 들어가는 과정에서 첫 번째 당하는 어려움이 바로였다. 모세가 히브리 백성들의 지도자로 부르심을 받을 때도 모세의 가장 두려운 상대는 바로였다. 모세는 바로 궁에서 살아본 사람이라 바로의 성정을 잘 알기 때문이었다. 그런데 하나님은 모세에게 그런 바로와 더불어 담판을 지으라고 하신 것이다.

아니나 다를까 모세의 예상대로 바로와 더불어 담판을 지어 히브리 백성에게 자유를 주는 것은 쉬운 일이 아니었다. 말은 씨도 먹히지 않았다. 그런 바로는 그의 백성 이집트에 내려지는 재앙을 목도하면서도 히브리 백성을 풀어주기를 거부하다가 결국 장자의 죽음으로 포기를 한다. 그러나 바로는 거기에서 포기하지 않고 출애굽하는 히브리 백성들을 다시 붙잡아 오기 위해 군사들을 보낸다.

여기서 사도 바울은 하나님의 편에 서 있는 히브리 백성과 그 대치관계에 있는 바로와 이집트 군사들을 예로 들어 악에 대한 우리의 궁금증을 풀어준다. 하나님은 히브리 사람들에게 하나님을 더욱 믿고 따르도록 하기 위해 악한 바로를 사용하신 것이다. 편안히 출애굽을 할 수도 있지만, 바로의 등장으로 인하여 하나님의 주권과 그분을 섬기는 믿음의 필요성을 더 강조하는 것이라는 말이다.

바울의 이 말씀을 우리 현실에 비춰 보면 교회 내에 벌어지는 현상을 이해할 수 있다. 지금 당장은 교회와 하나님 알기를 우습게 알고, 자기의 기득권을 남용하며 파벌을 조성하여 교회에 어려움을 야기하고, 거짓말을 사실처럼 포장하여 성실하게 신앙을 지키는 이들에게 시험을 주는 이들이 있다면, 하나님께서 바로 그런 사람을 사용하시고자 하는 상황이 주어져 있다는 말이다.

악한 이들이 잘되고 선하게 사는 사람이 바보 취급을 당하는 것이 아니라, 언젠가 하나님의 때가 되면 악은 악으로 선은 선으로 받을 날이 올 것이라는 말이다. 그러니 선을 지키는 이들이 악한 이들로 인해 시험을 당하고 낙심을 할 것이 아니라 오히려 악을 보면서 더욱 신앙으로 살도록 자신을 돌아보라는 것이다. 양심을 속이고, 신앙을 팔아 이득을 챙기는 이들을 부러운 눈으로 볼 것이 아니라 바로 그런 무리 속에 자신이 속하지 않도록 조심하고 또 조심하라는 말이다.

선하게 사는 성도라면 악한 이들이 잘되는 것을 부러워 말고 하나님의 선하시고 기뻐하시는 뜻이 무엇인지 날마다 분별하여 살아야 한다. 이런 삶이 우리 자신을 하나님이 기뻐하시는 산 제사로 드리는 진정한 성도의 삶이며, 우리가 그렇게 살 때 악은 이미 설수 없는 심판을 받은 것이다.

육신의 생각과 영의 생각

로마서 8:6에서 사도 바울은 "육신의 생각은 사망이요 영의 생각은 생명과 평안이라"고 했다. 바울의 이 말씀은 육신의 생각과 영의 생각이라는 두 가지를 극명히 대조하고 있다. 이 두 가지의 가운데 육신의 생각은 육체의 본능을 따라 살아가는 모습을 말하는 것이고, 영의 생각은 마음을 따라 살아가는 모습이라고 쉽게 분류할 수 있다.

그런데 이 두 가지 생각의 차이점이 낳게 되는 결과는 절대적으로 다르다. 육체의 본능을 따라 살아가는 사람은 결국은 죽음에 이르게 되며, 반대로 영적인 의지를 따라 살아가는 사람은 생명과 평안이 주어지게 된다는 것이다. 육신의 생각으로 살아가는 사람은 아무리 몸부림치고, 아무리 노력을 해도 결과는 망하게 되는 것이고, 반대로 영을 따라 살아가는 사람은 현재는 어렵고 힘들다 해도 나중에는 승리하게 된다는 이론이다.

그러면 무엇이 육신의 생각이고 무엇이 영의 생각이란 말인가?

인간의 본성을 따라서 사는 것은 무조건 육신의 생각이고, 인간으로서는 도무지 다다를 수 없는 이상을 따라 사는 것이 영의 생각이라는 것인가?

 그러면 인간이 살아가는 의식주의 간단한 해결이나 자녀 양육, 미래를 위한 설계는 육신의 생각이라고 단언할 수 있는가? 결코 그럴 수는 없다. 우리가 아무리 고고한 그리스도인이라 해도 세상에 두 발을 딛지 않고는 살 수 없다. 배고프면 먹어야 하고, 추우면 입어야 하고, 가려우면 긁어야 한다. 이런 것은 육신의 생각, 영의 생각을 떠나서 본능에 대한 해소이다. 인간으로서 살아가기 위해 반드시 해결해야 할 문제이다. 그러니 이런 인간의 기본 생활을 유지해 가기 위해 일을 하고, 노력을 하고, 수고하는 일을 결코 육신의 생각이라고 해서는 안 될 것이다.

 반대로 남들은 애를 써가며 살아가려고 발버둥 치는데 혼자서만 고고한 학처럼 기도생활, 말씀 읽는 일, 전도 활동, 교회봉사에 온 시간을 다 쏟으며 살아가는 사람을 영의 일을 생각하는 그리스도인이라고 단정할 수 있을까?

 수족을 쓸 수 없는 부모를 양로병원에 맡겨 두고 정부에서 알아서 다 보살펴 주니 신경 쓸 일이 없다며 나 몰라라 하는 사람, 부인은 식당과 마켓을 전전하며 힘겹게 돈을 버는데도 아랑곳하지 않고 하나님의 부름을 따라서 살아가기 위해 신학에 매진하는 사람이 과연 영의 생각을 따라 산다고 할 수 있을까?

 내 형제가 이민 생활하다가 잠시의 실수로 어려워져 도움의 손길을 내밀 때는 부담스러워 슬그머니 피하면서, 홈리스 급식봉사니 자원봉사니 한인 무슨 단체 이사니 하며 열심히 사회봉사 활동에 나서는 것이 영의 생각을 따라 사는 것일까?

 나는 최근 한 장례를 집전하며 인생에 대한 하나님의 섭리 내지는 영의 생각을 하며 사는 모습이 어떤 것인지를 깨닫게 되었다. 고인은 평생을 구세군 교회를 섬기신 분이다. 내년이 되면 100세를 채울 수 있어서 내년에 우리 교회에서 고인을 위한 큰 행사를 기획하고 있는 중이다. 그런데 갑작스럽게 소천을 하셨다. 바로 전 주일만 해도 교회에 나와 예배를 드렸다. 그런 분이 돌아가셨다는 말이 믿기지 않았다. 그래서 열일을 제쳐두고 달려갔다. 시신 앞에 서서 한참을 찬송을 부르고 예배를 드렸다. 얼마 있으니 장의사에서 나와 시신을 옮겼다. 고인의 짐을 챙기는데 아주 간단했다. 성경가방 하나, 사진 액자 하나, 구세군 제복 한 벌, 그게 전부였다.

 99년의 긴 세월을 살았다면 잡다한 것들이 많을 법도 한데 가져갈 것도, 치울 것도 없었다. 아마도 그분은 당신의 가야 할 날을 알았기에 그렇게 간단히 사셨는지도 모르겠다. 가야 할 날이 가까울수록 당신이 가진 것을 다 나눠줬는지도 모르겠다. 그래서 치울 것이 없었나보다. 이런 삶이 영의 생각을 따라 사는 성도의 모습이 아니겠는가?

 육신에 거하는 동안은 최선을 다해 열심히 일해서 보란 듯이 살고, 갈 때는 모든 것을 두고 홀가분하게 갈 수 있도록 준비하며 사는 것, 너무 많이 가지려 하지도 않고, 너무 욕심 부리지도 않고 주어진 만큼 감사하며, 나만을 위해서가 아니라 남도 위하며 최선을 다해 살다가, 갈 때는 아무 미련 없이 갈 수 있는 성도가 바로 바울이 말하는 영의 생각을 따라 살아가는 모습일 것이다.

말쟁이

말은 누구나 할 수 있다. 그러나 행동이 뒤따르지 않는 말은 허공을 울리는 메아리 같아서 아무 짝에도 쓸모가 없기 때문에 말만 앞세우는 사람을 실없다 하는 것이다. 우리가 입으로 뱉어 내는 말은 단순히 말에 그치는 것이 아니라 행동을 수반해야 온전한 말이 되는 것이다.

실제로 예수님의 제자 가운데 베드로가 그렇게 실없는 사람이었다. 그는 성격이 과격해서 어떤 좋지 못한 사건이 벌어질 때마다 열두 제자들 가운데서 가장 먼저 열을 내고 화를 내는 축에 들었다. 그러나 정작 자신이 말한 바에 대해 책임을 져야 할 때는 슬그머니 빠지는 실없는 사람이었다. 자신이 말한 사건이 실제로 벌여질 때는 언제 그랬느냐는 듯이 주어진 상황에 따라서 언제든지 돌아설 위인이었다.

마가복음 14장에 보면 예수님께서 제자들을 모아놓고 제자들이 주님을 버릴 것을 미리 말씀하셨다. 그때 베드로가 제자들의 배신을 말씀하시는 주님의 예언에 가장 먼저 반기를 들며 "다 버릴지라도 나는 그렇지 않겠나이다"(막 14:29)라고 했다. 베드로는 주님 앞에 다른 열한 제자들과 똑같은 대우를 받는 것이 싫었던 것이었다. 다른 동료 앞에 보란 듯이 주님의 눈도장을 확실하게 찍고 싶었던 모양이었다. 왜냐하면 주님이 예루살렘 성으로 향하실 때부터 뭔가 행동이 범상치 않음을 눈치 챈 베드로였기에, 이참에 주님의 수제자의 자리를 확실히 하려는 의도가 다분히 감춰진 그의 말은 아주 그럴듯했다. 그는 다른 제자들에게 보란 듯이 자신의 의지를 피력했다. 앞으로 일어날 일을 상상할 수 없기에 말로써 자신 있게 의지를 피력한 것이었다.

그때 주님은 베드로의 성격과 마음 상태를 미루어서, 장담하는 말을 한 바로 그날 밤 닭이 울기 전에 주님을 세 번이나 부인할 것이라 일러주셨다. 예수님은 베드로가 실없는 사람이 될 수 있는 가능성을 아시고 지적해 주신 것이었다. 베드로를 아끼시는 주님의 마음을 읽을 수 있는 대목이기도 하다.

그런데 베드로는 주님의 이 말을 바로 받아서 자신이 주님과 함께 죽을지언정 주님을 부인하지 않겠다고 호언장담을 했다. 실없는 사람들의 특성이 호언장담하기를 좋아하는 것임을 여실히 보이는 장면이다. 여기에서 그치지 않고 베드로 외에 다른 제자들도 뒤질세라 이구동성으로 똑같이 주님을 떠나지 않겠다고 결의를 다졌다. 베드로만 주님 앞에 큰소리쳐서 점수를 따는 모습을 두고만 볼 수 없다는 질투심 내지는 위기의식의 발상이었다.

그러나 성경은 바로 그날 밤, 즉 베드로가 큰 소리를 치고 호언장담을 한 바로 그날 밤에 베드로가 예수님을 세 번이나 모른다고 부인한 내용을 상세히 보도해 주고 있다. 베드로를 제외한 열한 제자들은 군사들에 의해 예수님이 체포되자마자 언제 그랬느냐는 듯이 다 도망가 버렸다. 그나마 베드로는 멀찍이서 잡혀가시는 주님을 따라가 대제사장의 뜰까지는 갔다. 그는 거기서 자행되는 거짓 증거와 거짓 증인들의 술수를 들으며 진실이 은폐되고 음모가 도사리고 있음을 알았지만, 나설 수 없었다. 숨어 있을 뿐만 아니라 자신을 알아보는 이들에게조차 예수님을 모른다며 세 번씩이나 부인을 했다. 실없는 사람의 모습의 전형을 적나라하게 보여준 사건이다.

바로 그때 베드로는 닭 우는 소리를 들었다. 그리고 그때서야 비로소 자신이 얼마나 실없는 사람인지를 깨닫고 눈물을 흘렸다. 그 눈물은 참회나 회개의 눈물이라기보다는 자신의 실없음이 부끄러워 흘리는 눈물로 추측해 본다. 여기까지는 베드로를 통해 실없는 사람의 유형을 적나라하게 보여준다. 그러나 베드로의 위대성은 자신의 모습을 깨달은 후에 변화되었다는 점이다. 그러니 베드로가 실상은 실없는 사람은 아닌 것이다.

하지만 우리 가운데는 여전히 실없는 사람이 있다. 말은 앞세우면서 책임질 일이 생기면 슬그머니 꽁무니를 빼는 이들, 할 수 있다고 해놓고 해보라면 못하는 이들, 그보다 더 추한 모습은 자신은 못하면서 할 수 있는 사람조차도 못하도록 방해하는 이들이다.

사람들이 교회 나가는 성도들을 일컬어 "말쟁이"라 한다. 그 이유는 말은 그럴듯한데 그 뒤에 따르는 행동은 아니기 때문이리라. 이제 더 이상 "말쟁이"란 오명은 없었으면 좋겠다. 대신에 "확실한 사람", "보증할 만한 사람", "겉과 속이 같은 사람"이란 말로 우리를 대신했으면 좋겠다.

기독교 신앙의 이상과 현실

성경에 나오는 예수란 분의 이야기를 읽어보면 그분은 다분히 이상주의자였던 것 같다. 그분의 일대기를 보여주는 사복음서는 이런 성격을 보여준다. 대표적인 이상적 말씀을 든다면 오른뺨을 치는 자에게 왼뺨을 대주라 했고, 오리를 가자는 사람에게 십리를 가주고, 겉옷을 달라고 하면 속옷까지 주라고 했다.

누구나 뺨을 맞으면 참을 수 없는 화가 일어나는 법이지만 그래도 참으라고 하면 참을 수 있다. 하지만 다른 쪽 뺨까지 댈 수는 없는 일 아닌가! 당장 내 아내와 자녀들의 기본 생활이 불투명한 상황에서 누군가에게 사기를 맞았다면 어떻게 가만히 있을 수 있겠는가! 그러니 현실적으로 생각해 보면 예수의 말씀은 우리네 삶과는 너무도 동떨어진 것 같기도 하다.

당장 먹을 것이 없어 허덕이는 사람에게 "너희는 내일 일을 염려하지 말라" 하신다고 우리에게 당장 먹을 것이 해결되지 않을 것인데도 그분은 늘 그렇게 말씀하셨다. 당장 집세를 못 내서 쫓겨나야 할 형편에 처한 사람에게 "구하라 그러면 주실 것이요, 찾으라 그러면 찾을 것이요, 문을 드리라 그러면 열린다"고 하셨다. 하지만 힘들여 가져온 돈 다 날리고, 오갈 곳 없는 한 가족이 아무리 무릎을 꿇고 빌고 또 빌어도 하늘에서 돈다발이 떨어지기는커녕 힘만 더 빠지는데도 그분은 구하라고 하신다. 보리떡 다섯 개와 물고기 두 마리로 5천 명을 먹이셨다면서 당장 끼니 걱정하는 사람들을 위해 보리떡은 고사하고 쌀 한 톨 주지 않으시니 어떻게 하라는 말씀인가!

나는 목회자이면서도 왜 하늘은 공평하지 못한가를 따졌다. 사기를 당한 사람은 길거리에 나가 서글픈 밤을 보내야 하는데, 사기를 친 사람은 버젓이 잘살아가니 이래도 하나님은 공평하신 분인지 불평했다. 그분은 최후 심판 날 선과 악의 재판이 이뤄지고 모든 것이 끝난다고 하셨지만, 우리 삶은 미래가 아닌 현실에 있으니 이 또한 부조리하다. 예수 잘 믿으면 천당 간다지만 그 말이 당장 오갈 데 없는 사람에게는 별반 중요하지 않다는 것이다.

그러나 나는 성경을 자세히 살펴보며 예수 그분은 결코 이상주의자가 아님을 알았다. 오히려 이상을 현실로 이루려고 하신 분이었다. 아니 그분만큼 현실적인 분은 없을 것으로 생각한다. 그분은 늘 우는 사람의 위로자였고, 소외당한 사람의 친구였다. 죄인들에게는 재판관이 아니라 변호사였고, 굶주린 사람들에게는 배고픔을 해결할 수 있도록 하셨다. 그리고 최후로는 당신의 이상을 실현하기 위해 십자가의 죽음을 기꺼이 맞이하셨다.

그분은 불평으로 가득 찬 내게 어느 날 성경의 말씀을 통해서 훈계하셨다. "가난한 자들은 항상 너희와 함께 있거니와 나는 항상 있지 아니하리라"(요 12:8). 예수 그분은 당신의 이상을 실현하기 위해 사람을 부르신 것이었다. 길거리에 나앉은 사람이 기도할 때 "예수 믿는 사람"을 그분 대신 보내겠다는 말씀이고, 한숨 쉬는 사람이 있을 때 그분 대신 "예수쟁이"를 위로자로 보내겠다는 말씀이다. 사기 친 사람보다 오히려 사기 당한 사람이 감옥 안에서 울분을 삭이며 도움의 기도를 할 때에도 그분 대신 "성도"를 보내겠다는 말씀이다. 아니 더 정확히 말한다면 보내겠다는 것이 아니고 가라는 것이다. 그러므로 우리는 그분의 이상을 실현하기 위한 도구라는 것이다. 맞는 말씀이다.

나는 가끔 성경공부를 한다고 목에 힘주는 거룩한 성도들을 만난다. 내가 무식한 목회자여서 그런지 모르지만 그가 해석하는 성경의 내용이 어쩌면 그렇게 잘 들어맞는지 감탄할 일이다. 그의 성경 이야기를 듣노라면 예수 그분이 가르치신 이상으로 성경을 잘 아는 것 같다.

그런데 참 이상한 것은 그렇게도 성경의 말씀을 잘 알면서 왜 사기를 치고, 이웃을 어렵게 하고, 못사는 사람을 업신여기고, 좀 배웠다고 거들먹거리는지 모르겠다. 성경은 너희가 겸손해야 하고, 먼저 용서하라고 가르치는데도, 소위 성경 공부한 성도끼리 한 번 갈라지면 평생 원수가 되니 이 또한 이해하기 어려운 일이다.

기도하면 뭐가 보이고, 기도하는 족족 즉각적으로 응답을 받는다며 큰소리치는 성도의 생활은 왜 그리도 말이 아닌지 그것도 참 이상한 일이다. 자신도 예수와 같이 이상주의자로 생각하기 때문인가?

기독교의 이상주의자는 엄격히 말해서 예수 그분뿐이다. 그분의 부름을 받은 우리는 그분의 이상을 실현하기 위한 도구들이다. 그러므로 우리는 그분의 이상을 실현하기 위한 도구로서의 역할에 충실해야 마땅할 일이다. 기독교인의 삶의 터전은 현실이기 때문이다.

기독교 신앙의 객관성(1)

신앙은 다분히 주관적이다. 그러므로 신앙의 주관성과 객관성에 대해 묻는다는 자체가 우문일 것이다. 예를 들어 어느 특정 자연물을 대상으로 소원을 비는 사람이라면, 그 자연물이 그에게는 곧 신이 되는 것이다. 그러나 동일한 자연물이라도 그 자연물을 대수롭지 않게 여기는 사람이라면 그에게는 그저 평범한 하나의 자연물일 뿐이다. 그러니 신앙은 주관적이라고 해야 옳다.

시골에서 어린 시절을 보낸 나는 산신과의 관계 속에서 살았던 기억이 있다. 사월 초파일만 되면 우리 어머니는 집 뒤에 있는 당에 시루떡을 해놓고 정성스럽게 빌고 또 빌었다. 비라도 올라치면 어머니는 당 대신 부엌 부뚜막에 시루떡을 놓고 빌었다. 아마 이런 행사는 상당히 오랜 세월을 거슬러 내려온 우리 집안의 전통이었을 것이다. 당시 어머니의 신앙 대상이 누군지는 모르지만 사월 초파일만 되면 오시는 분이었고, 어머니께서 그분께 간절히 무언가를 비는 모습을 보며 누군지는 모르지만 어머니의 소원을 꼭 들어줄 것이라고 믿었다.

그런데 그 후 어느 날인가 어머니는 당을 포기하고 교회를 나가셨다. 원인은 당을 포기하고 교회에 나가라는 할머니의 유언에 따르신 것이다. 어머니는 교회에 나간 이후로 하루도 빠짐없이 새벽예배에 참석하여 지극정성으로 하나님을 향해 자식들을 위하여 빌고 또 빌었다. 사월 초파일이 되면 당에 올라 기도하시던 것처럼 빌었다. 다만 달라진 것이 있다면 교회에 나간 이후로는 성경과 찬송가가 곁들여졌다는 것이다. 처음에는 한글이 서툴러 잘 읽지 못하시더니 차츰 성경도 잘 읽게 되고, 찬송가도 잘 부르셨다. 그런 어머니를 보며 초파일날 시루떡을 고대하던 꿈은 더 이상 없었지만 왠지 당을 향해 빌던 때보다 좋다는 생각이 들곤 했다. 그리고 철이 들면서 나도 어머니의 기독교 신앙을 물려받게 되었다.

어머니는 교회를 다니시면서도 사월 초파일 날 시루떡을 해놓고 빌던 신앙 습관에다 새로운 신앙을 접목시켰다. 뜸이 든 밥 솟을 열면 밥 위에 십자가를 긋고 밥을 펐고, 교회에 갈 때는 과거 절에 가던 대로 가장 좋은 옷을 곱게 차려 입고 나섰다. 초파일날이 되면 쌀이 없어도 어김없이 시루떡을 하듯 성미를 챙겼고, 주일날 교회에 빠지는 일은 상상도 못할 일이었다. 아무리 돈이 없어도 정성스럽게 헌금을 챙겼다.

언젠가 어머니는 주일학교에 가는 내 손에 100원을 쥐어주며 헌금하라고 하셨다. 그 돈이라면 당시 자장면 두 그릇 정도 살 수 있는 금액이었다. 가난한 우리 집에 그런 돈을 헌금하는 일이 이상했는데, 지금 생각해 보면 그날은 우리 집안에 특별한 날이었던 것 같다. 어머니가 성경공부를 많이 해서 집안에 특별한 날에는 특별 헌금을 해야 한다는 사실을 알리 만무했다. 그렇다면 어머니는 교회를 나간 이후로도 당에 빌던 신앙을 어느 정도 유지하신 것이다.

달라진 것이 있다면 어머니의 손에 늘 성경과 찬송가가 있었다는 것이었다. 어머니에게 있어서 당신의 성경은 보물보다 소중한 것이었다. 뜻을 아시는지 모르시는지 모르지만 어머니는 열심히 성경을 읽고 또 읽었다. 아마 우리 어머니가 속한 구역이 우리 어머니 덕분에 성경을 가장 많이 읽는 구역이 되었을 것이다.

나는 신학을 하며 어머니의 달라진 신앙 형태에 궁금증을 갖게 되었다. 당에 빌던 신앙과 기독교 신앙은 어떤 차이가 있는지 알고 싶었다. 그러다가 신학교 시절 기독교 신앙의 객관성이란 주제로 토론하던 조직신학 시간에 깨닫게 되었다. 한마디로 말한다면 당에 빌던 어머니의 신앙이 주관적 상태의 신앙이라면 교회에 나가며 받아들인 신앙은 객관적인 신앙이라는 것이다. 그 차이점이 성경책을 읽으시던 어머니의 태도에서 나타난다. 당에 빌던 당시에 어머니는 무슨 경전이나 하다못해 손바닥만한 간단한 주문도 외우신 적이 없었다. 어머니는 오직 당신의 소원만을 빌었다. 그러나 교회에 나가신 이후로 어머니는 성경을 읽기 시작하셨다. 객관적인 신앙을 배우신 것이다. 과거에는 자연의 이치나 변화 또는 꿈, 무당이나 점술인을 통해서 신의 의지를 헤아렸지만 교회에 나가신 이후로는 성경을 읽으며 신의 의지를 깨달아 가기 시작하셨다. 물론 성경을 다 이해하지는 못하셨지만 설교를 들으며 공책에 뭔가를 적으시고, 집에 돌아와서는 그 내용을 다시 읽어보곤 하셨는데, 거기에서 이미 어머니는 기독교의 객관적인 신앙에 눈을 뜨신 것이다.

기독교 신앙의 객관성(2)

기독교 신앙이 다른 종교와 다른 점은 객관성이다. 바꿔 말한다면 어느 특정인의 신비한 체험으로 계시되는 일반적 종교의 개념과 다르다는 것이다. 즉 기독교에서 체험하는 신은 개별적으로 체험하는 분이지만 그 체험은 전적으로 개인을 위한 체험이라기보다는 다수를 위한 한 개인의 체험이라고 봐야 옳다. 즉 어느 특정인만을 위해 그의 꿈과 신비한 자연 현상으로 계시하는 분이 아니라 당신의 백성의 구원과 안녕을 위해 상황에 따라 특정인에게, 혹은 다수에게 당신을 계시한다는 것이다. 그리고 이런 계시 체험의 객관성을 위해 당신의 말씀이 기록이 된 것인데 그 말씀을 엮어 놓은 것이 성경이다.

예를 들어서 모세가 호렙산에서 하나님의 부름을 받는 과정에서 신비한 체험을 한다. 그리고 그가 하나님의 백성을 이끌고 광야를 지나며 한계 상황에 부딪힐 때마다 하나님을 체험하며 문제를 해결해 간다. 이런 일련의 과정에서 모세가 체험한 하나님은 전적으로 모세 개인을 위해 계시되는 분이 아니라 당신의 백성 전체의 구원을 위해 당신이 세운 모세에게 나타나시는 것이다.

하나님이 돌판에 십계명을 기록해 주신 일이나, 제사법과 성전법 등을 모세에게 명하신 일 등도 모세 개인을 위한 하나님의 계시가 아니라 당신의 백성 전체를 위한 일이었다. 출애굽기 24:12에 보면 "여호와께서 모세에게 이르시되 너는 산에 올라 내게로 와서 거기 있으라 너로 그들을 가르치려고 내가 율법과 계명을 친히 기록한 돌판을 내게 주리라"고 하셨다. 하나님께서 모세에게 개별적으로 말씀하시는 목적이 무엇인지를 분명히 보여준다. 그것은 모세에게 지도자로서의 권위를 내세우게 하거나, 그의 신비한 체험을 통해 백성들로 하여금 존경받게 하시려는 의도라기보다는 당신의 백성을 위해 모세에게 현현하신 것이다. 모세의 이런 하나님 체험의 객관성을 위해 그의 체험이 말씀으로 기록된 것인데, 그것이 성경의 출애굽기부터 신명기까지의 내용이다.

모세뿐만 아니라 성경을 기록한 모든 기자의 신비한 체험이나 개별적인 하나님의 체험은 당사자만을 위한 것이 아니라 모든 세대를 위한 배려임을 성경은 수도 없이 증언하고 있다.

우리가 읽는 성경은 하나님이 하신 말씀의 문자화고, 이런 성경의 기반 위에 기독교가 세워졌다. 즉 하나님이 당신의 백성에게 선지자를 통해서 주시는 말씀이 구전으로 내려오다가 문자를 사용하기 시작하면서 기록자를 통해서 파피루스와 가죽에 기록했고, 그것이 오랜 세월을 지나 발견되어 비교분석의 작업을 통해 성경으로 구성된 것이 구약성경이라면, 신약성경은 예수를 중심으로 벌어진 사건의 목격자들과 예수를 체험한 사람들이 그들의 체험의 객관성을 위해 기록한 것이다. 이것이 오늘날 우리가 읽고 있는 66권의 성경이 된 것이다.

성경은 하나님의 뜻이 사람의 손을 통해 책으로 완성된 것으로 누구에게나 하나님의 의지와 뜻을 알 수 있도록 해준다. 성경을 읽는데는 특별한 자격이 필요한 것도 아니고, 특정한 사람만 읽을 수 있는 기념물도 아니다. 이 책은 어느 누구나 읽을 수 있고, 그 말씀을 통해 하나님의 의지를 헤아릴 수 있는 것이다. 그래서 목회자가 되기 위해서는 반드시 신학을 공부해야만 하며, 성도로서 살기 위해서는 개별적인 성경공부뿐만 아니라 교회나 특정 그룹에서 공식적인 지도자를 통해 성경공부를 해야 한다. 왜냐하면 하나님의 체험의 객관화를 위해서는 객관적인 성경해석을 배워야 하기 때문이다.

그러면 이렇게 하나님의 계시나 개별적 체험이 말씀으로 기록되어 한 권의 성경으로 묶어진 원인은 무엇일까? 한마디로 말한다면 시대와 공간을 초월해 우주적인 하나님의 자기 증명이며, 그 하나님을 개별적으로 체험한 백성들에게 확신을 줘서 자신이 체험한 하나님을 전달하라는 의도가 내포되어 있다. 그래서 예수께서 부활하신 후 제자들을 세상에 파송하실 때 "너는 가서 모든 족속으로 제자를 삼아 아버지와 아들과 성령의 이름으로 세례를 주고, 너희에게 분부한 모든 것을 가르쳐 지키게 하라"(마 28:19-20)고 명하신 것이다. 어쩌면 신의 의지를 당신의 입을 통해 직접 전달하는 마지막 분부라고 해도 과언이 아닌 이 말씀이 중요한 이유는 이 말씀이 기독교 신앙의 객관성을 분명히 보여주기 때문이다.

FREEDOM IN GOD

제4부

섬김 이야기

이웃돕기는 내가 받은 축복의 나눔

자선냄비 봉사를 한 지가 벌써 20년이 되었다. 20년 동안 매년 겨울철마다 자선냄비를 봉사를 하다 보니 좋은 추억들이 많이 쌓였다.

누군가를 위해 봉사를 한다는 것은 그렇게 쉬운 일은 아니다. 하지만 그 쉽지 않은 일에 참여하다 보니 보람된 일이 많은 것 같다. 감사한 일은 자선냄비에 대한 생각이 너무나 긍정적이어서 봉사에 참여할 때 마다 가슴 속에 느끼는 감사는 그 무엇과도 바꿀 수 없는 내 삶의 큰 기쁨이다.

최근 자선냄비를 설 때였다. 전동 휠체어를 타신 장애노인 한 분이 마켓에서 나오시는 것이었다. 육안으로 보기에도 무척이나 불편해 보이는 분이었다. 오랫동안 장애로 인한 고통이 얼굴에 나타나 있었다. 얼굴에 아무런 표정도 없이 자선냄비 앞을 지나시는 어른에게 "안녕히 가세요"라고 인사를 드리는데, 이 어른이 휠체어를 멈추는 것이었다. 그러더니 불편한 손으로 한참 동안 가방을 뒤진

후에 지폐 한 장을 꺼내어 통에 넣어달라며 건네는 것이다. 그분의 상태를 보니 직접 통에 넣을 수 없을 만큼 몸이 불편했다.

감사한 마음으로 지폐를 받아 통에 넣으려다 보니 무려 $20짜리 지폐였다. 그분이 가방을 뒤질 때 $1짜리 아니면 적은 액수의 돈을 찾기 위해 많은 시간을 보내는 것으로 추측했는데, 뜻밖에 그렇게 큰 액수를 건네받은 나는, 나의 잘못된 생각과 추측에 부끄러움을 금할 수 없었다.

지폐를 받아 든 내 머리 속에 여러 가지 생각이 교차되는 순간에 그분은 유유히 전동차를 몰고 어디론가 가셨다. 그동안 많은 분들께 도움을 받았었지만, 불편하게 사시는 분에게 전혀 예상치 못한 액수의 기부금을 받고 보니 마음이 그렇게도 좋을 수가 없었다.

우리는 대부분 축복이라는 말을 많이 사용한다. 특별히 기독교인이라면 이 축복이라는 말을 거의 하루도 빠짐없이 듣거나 말하게 될 것이다. 우리가 그렇게 많이 사용하는 축복이라는 말을 해석할 때 십중팔구는 기대하지 않는 것을 받거나 분에 넘치는 것을 받는 의미로 받아들인다. 하지만 받는 것으로 해석하는 축복이라는 개념은 너무나 편협하거가 그 진의를 축소하는 것 같다.

오히려 진정한 축복은 받는 쪽보다는 주는 쪽이라 해야 옳을 것이다. 왜냐하면 받는 것은 부족하기 때문에 받아야 하는 입장이지만, 주는 것은 풍족하거나 나눌 수 있는 여유가 있음을 의미하기 때문이다. 그러니 진정한 축복은 줄 수 있는 상황이 주어지거나 나눌 수 있는 마음이 생겨날 때라고 해야 할 것이다. 이런 입장의 해석으로 볼 때, 자신의 불편함보다는 나보다 더 못한 이들을 생각하며 자선에 참여한 장애 노인의 선행은 진정으로 축복을 받은 모습이 될 것이다.

　세상을 살다 보니 우리가 맺는 인간의 관계는 대부분 주고받는 사이에서 원만히 이뤄지는 것 같다. 마음이 들어 주다가도 아무것도 되받는 것이 없으면 어느 순간부터 괘씸한 생각이 들거나 서운한 마음이 들기 시작하면서 관계는 점점 멀어지게 된다.

　반대로 받기만 하는 쪽에서도 받는 만큼 줄 수 없어서 쌓이는 마음의 불편함 때문에 점점 상대를 회피하게 된다. 한마디로 우리 사회 속에서 원만한 관계성은 주고받는 시간이나 상황이 적절해야 좋은 관계를 지속할 수 있다. 이런 관계에서 봉사나 섬김이라는 말은 사실은 허울일 뿐이다.

　봉사는 나를 내세우는 것이 아니라 필요한 사람을 내세우는 입장에 서는 것이다. 그러니 내가 줬다 해서 자랑할 필요도 없고, 또 뭔가 대가를 기대해서도 안 된다. 주는 사람은 주는 것으로만 그치면 되는 것이다. 준 다음에 되돌아올 감사의 인사나 보답을 기대하지 말고, 내가 줄 수 있는 형편을 감사하며, 나눔 자체로 보람을 느끼면 내가 줌으로 발생될 문제는 전혀 없을 것이다. 봉사도 이런 차원에서 이뤄져야 한다. 내가 드리는 시간과 노력으로 참여하는 봉사를 한다는 것은 이미 받은 축복에 대한 감사의 표현이기 때문이다.

　올 한해도 벌써 다 가고 있다. 나이가 들어갈수록, 해가 갈수록 연말이 되면 마음이 더 착잡해진다. 해놓은 것은 없고, 할 일은 많고, 하고 싶은 일은 점점 멀어진다. 이런 때에 주위의 어려운 이웃을 돌아보며 조금이라도 나눠본다면, 그 나눔을 통해 내게 주어진 삶이 얼마나 소중하고 보람된지를 실감하게 될 것이다.

봉사의 주체와 객체

사람들은 봉사라는 말을 누군가를 위해서 희생을 하고, 아낌없이 나눠주고, 돕는 것으로만 생각을 한다. 물론 그 말이 틀린 것은 아니다. 그런데 봉사를 하는 주체만 있고, 그 봉사를 받는 객체가 없다면 봉사란 말은 형성이 될 수가 없다. 그러니 봉사라는 말은 봉사를 하는 주체뿐만 아니라 그 봉사의 행위를 받아들일 수 있는 객체도 있어야 형성이 되는 것이다.

아무리 봉사를 하고 싶어도 그 봉사를 할 대상이 없다면 봉사는 이뤄질 수 없다. 반대로 누군가의 도움이 절실히 필요한 사람이 있어도, 그 사람의 형편을 헤아려 손과 발과 몸과 마음으로 자신을 희생해 줄 수 있는 사람이 없다면 그 또한 봉사를 받을 수 없다.

그러니 봉사를 하는 사람은 봉사의 대상을 두고 불쌍히 여기는 마음을 갖거나, 누군가를 위해 무엇을 나눠 줄 수 있다는 현실에 대한 자부심이나 자만심이나 자기 위안을 가져서는 안 된다. 반대로 봉사를 받아야 하는 객체의 입장에 있는 이들도 누군가에게 도움을 받는다 해서 위축되거나 비굴할 이유가 없다. 현재는 도움을 받아야 할 입장이지만, 열심히 노력해서 언젠가는 다른 누군가를 위해 봉사해 줌으로 오늘날 받은 빚을 갚겠다는 마음만 있으면 얼마든지 당당하게 받아도 된다. 그러니 봉사를 잘하는 것도 중요하지만, 봉사를 잘 받는 것도 중요하다 하겠다.

지난주에 벌어진 황당한 사건을 하나 소개하고자 한다. 한 아이를 차에 태워다 줘야 할 일이 있었다. 우리 교회나 나와는 관계가 전혀 없는 아이인데, 아는 사람의 부탁으로 라이딩을 하게 된 것이다. 아이가 착해 보이고 해서 기분 좋게 응했고, 차를 몰고 가는 중간에도 아이가 배가 고프다 해서 햄버거 가게에 들러 세트 메뉴도 시켜 먹게 했다. 비록 전에 본 적은 없지만, 누군가를 위해 내 시간과 노력을 나눌 수 있다는 것이 기분 좋았다.

어렵사리 아이의 집을 찾아가서 그 어머니에게 아이를 인계하는 데까지는 좋았는데, 그 아이의 어머니가 봉투를 내미는 것이다. 수고의 대가로, 감사의 표시로 지불해 주는 것이니 그 입장에서는 하등 문제될 일이 아니다. 액수는 그리 많지 않았지만, 그렇게 하면 나의 수고가 아무 의미가 없게 되니 받을 수 없다고 거절했다. 하지만 아이의 어머니는 한사코 밀어주는 것이다. 길에 서서 실랑이를 계속할 수 없어 받아들고 왔다. 오면서도 어찌나 마음이 불편한지 계속 운전을 할 수 없어서 칼스 주니어에 들어가 커피 한 잔을 시켜 막 마시려는데, 원래 그 아이의 라이드를 부탁한 분이 전화를 걸어와 고맙다는 인사를 하는 것이다.

나는 전화에다 대고 "사람을 어떻게 보고 돈봉투를 주는 것이냐, 돈봉투로나마 신세를 진 것에 대한 불편한 마음을 달래려 한다면 나는 무엇이냐..." 하며 좋지 않은 심기를 그대로 토로했다.

　이 사건을 두고 봉사의 의미를 정리해 본다면 아이를 라이드해서 간 나의 행위는 봉사였다. 그리고 그 아이의 어머니는 그 아이를 인계받고서 감사의 인사를 하고 싶어 한 것이었다. 그렇다면 돈봉투가 아니라 차라리 커피 한 잔을 하자고 한다든지, 아니면 그냥 감사의 인사로 봉사 주체자의 심정을 받아주는 것도 봉사이다. 그리고 받은 사람은 또 누군가 자기의 손이 필요한 사람이 있을 때, 과거에 누군가를 통해 딸아이가 안전하게 집으로 돌아온 것을 생각해서 기쁨으로 라이드에 응하는 것이다. 그러면 그 사람도 봉사의 주체가 되는 것이다.

　봉사는 행하는 주체뿐만 아니라 봉사를 받는 객체도 함께 어우러져야 온전한 봉사라 할 수 있다. 그러니 봉사를 제공한다고 자랑할 일도 아니다. 왜냐하면 봉사를 받는 객체가 없으면 하고 싶어도 할 수 없으니까. 반대로 봉사를 받는다고 자신을 비하하거나 부끄러워할 이유도 없다. 봉사를 받는 사람이 없으면 어떻게 봉사가 이뤄지겠는가? 그러니 봉사는 하는 사람도, 받는 사람도 모두가 감사해야 할 일이다. 모두가 주체가 되는 이러한 봉사의 문화가 자리를 잡게 된다면 우리가 사는 사회는 한층 살맛나는 세상이 될 것이다.

감사로 사는 인생의 행복

우리 교회에는 교회를 관리하는 관리 부교 부부가 있다. 구세군에서는 집사를 부교라 호칭을 한다. 이 부부는 평생 건축 일을 하다가 은퇴하신 분이다. 남편 되는 분의 손을 보면 소나무 껍질같이 거칠고 투박하다. 하지만 요즘 이 분들은 누구보다 행복한 하루하루를 보내고 있다.

교회 건물이 오래되다 보니 여기저기 손볼 곳이 한두 곳이 아니다. 더구나 오랫동안 수리를 못한 상태라 일할 곳이 여간 많은 게 아니다. 이 분이 교회에서 일을 시작한 지 불과 1년이 채 안되는데도 교회의 많은 부분이 달라지고 있다. 교회 현관부터 시작을 해서 화장실이며 교회 복도며 완전히 달라지는 것이 눈에 확연히 드러난다. 타지에 갔다 오거나 오랜만에 교회를 찾은 교우들이 이구동성으로 하는 말이 교회가 달라졌다는 것이다. 교회가 달라졌다는 말은 언제 들어도 듣기 좋은 말이다.

요즘은 교회 학생들이 사용하는 교육실 공사를 하고 있다. 교육실은 교회 아래층에 있는데다가 얼기설기 널린 전기 줄에 오랫동안 손을 보지 않아 칙칙한 분위기까지 있어서 누구든 들어가기를 꺼리는 곳이다. 하지만 이 분의 손을 통해 거의 삼주 동안 공사를 하니 완전히 새 집이 되었다. 400스퀘어 풋(Square foot)이 넘는 공간을 도와주는 손도 없이 홀로 묵묵히 수리를 해서 이제는 어디 내놓아도 손색을 없을 정도로 깨끗하고 보기 좋은 공간으로 탈바꿈시켰다.

어제는 공사하는 곳에 가보니 홀로 흡족한 얼굴로 새롭게 공사가 마무리된 교육실을 보고 서 있는 것이다. 그 얼굴이 그렇게도 평화롭고 좋아 보일 수 없었다. 하나님의 교회를 위해 자신이 가진 능력을 발휘할 수 있다는 현실이 고맙고 감사하기 때문이란다.

부인되는 부교님은 그분대로 교회의 궂은일을 도맡아 해준다. 시도 때도 없이 찾아오는 교인들에게 말벗이 되어주기도 하고, 어려움 당한 교우들의 친구가 되어주기도 하고, 배고픈 이들에게는 아낌없이 나누기도 한다.

그렇다고 이 분들이 오갈 데가 없어서 교회 일에 매달리는 것이 아니다. 이미 결혼해서 잘살고 있는 네 명의 자녀들이 아버지, 어머니가 교회 일에 매달리며 고달프게 사는 것이 안타까워 한사코 그만두기를 종용해도 자신들의 결정을 번복하지 않는다. 서로 모시며 살겠다고 해도 자신들의 의지를 꺾지 않는다.

얼마 전에는 한국의 분당에서 사업을 하는 딸네가 와서 한국으로 가자며 여러 차례 매달려도 현재의 일에 대한 소신 내지는 사명감을 피력하며 '내가 있어야 할 자리는 여기'라고 하며, 오히려 교회 일을 할 수 있음을 감사했다. 그렇게 열심히 희생적으로 일을 한다고 교회가 충분하게 노동의 대가를 주는 것도 아니다. 그래도 그 적은 액수의 임금을 받는 것마저 부끄럽게 생각하며 묵묵히 하나님의 교회 건물을 수리하고 관리하며, 담임목회자를 돕는 데 최선을 다하는 이 부부를 볼 때마다 은혜를 받는다.

세상에 돈 되는 일도 아니고 누가 알아주는 일도 아닌데도 묵묵히 최선을 다해 사명으로 여기고 교회 일에 전념하는 이런 분을 만난 것은 나의 기쁨이고 행복이다. 세상이 각박하다 보니 교회도 뭔가 생기는 일이 있어야 가고, 생기는 것이 없으면 이런저런 핑계를 대가며 다른 교회로 옮기는 일이 다반사로 일어난다. 신의니 믿음이니 하는 말은 옛날 옛적 이야기 속에나 등장하는 고리타분한 사람들이나 생각하는 것으로 여기는 이들에게서 결코 찾을 수 없는 일이다.

그렇게도 충성을 다하며 은혜 충만한 성도 같더니 어느 날 보면 없어진다. 이유를 들어보면 담임목회자의 설교가 어떻고, 그 교회 나가면 누가 꼴 보기 싫어서 은혜가 안 되고, 그 교회는 교육 시스템이 안 좋아 배우는 것이 없어서 그렇다고 한다. 이런 이들이 잊은 게 있다. 교회는 내가 뭔가를 얻으러 가는 곳이 아니라 드리러 가는 곳이라는 말이다. 교회는 얻어서 만족을 누리는 것이 아니라 드림으로 은혜를 받는 곳이다. 만일 뭔가를 얻으러 가려면 학교를 나가든지, 학원을 나가든지, 도장을 가든지 하면 더 잘 얻거나 더 잘 배울 것이다. 하지만 교회는 자신을 드리고 희생을 함으로 세상에서 누려보지 못한 것을 누리도록 하는 곳이다. 예수님이 십자가 위에서 죽으신 그 십자가의 피를 체험하는 곳이다.

어떻게 감사할까?

올해도 어김없이 감사의 날이 다가온다. 매일의 삶을 돌아보면 감사가 일 년에 한번 뿐일 수만은 없지만, 이런 감사의 절기를 통해서 하나님의 은혜와 사랑을 새겨보면 큰 유익이 있을 듯하다.

구약성서를 보면 히브리인들이 드리는 추수감사의 축제는 우리가 보통 말하는 추수감사주일보다 훨씬 더 진지하면서도 온 백성이 함께 어우러지는 잔치 마당이었다.

이 감사 절기의 특징을 보면 첫째, 그 절기는 본인이 임의로 편한 곳에서 지키는 것이 아니라 반드시 예루살렘 성전에 올라가서 지켜야 했다(신 16:16). 그래서 이 기간 동안에는 민족의 대 이동이 있었다.

둘째, 축제 기간에는 그 어느 누구도 노동을 해서는 안 되며, 오직 초막에서만 지내며 하나님께 찬양과 감사드리는 행위만이 허용되었다(레 23:35-36). 이들이 감사주일 기간 동안에 초막에서만 지내야 하는 이유는 출애굽하던 히브리 조상들이 이집트의 노예로 고생하다가 하나님의 은혜와 긍휼하심으로 출애굽하여 광야로 인도되었고, 비록 광야생활에서 초막을 짓고 살았지만 여기에는 하나님께서 구원하여 주신 역사적 사건에 대한 감사의 의지가 내포되어 있다(레 23:43).

셋째, 이런 축제는 하루가 아닌 일주일 동안 지켰으며, 축제 기간 동안 하나님께 감사의 제사에 참여하는 히브리인들은 찬양으로 충만했다. 시편 114편과 136편은 이들이 감사 절기에 불렀던 대표적인 축제의 찬양이었다. 그뿐만 아니라 이 절기 기간 동안 중요한 또 한 가지의 행사는 빈손으로 하나님께 나오는 것이 아니라 하나님이 주신 복을 따라 힘껏 예물을 드렸다는 것이다(신 16:17-17). 이들이 제사하는 동안 드린 예물은 하나님의 성전을 운영하는 데 사용될 뿐만 아니라, 가난하고 소외된 이웃을 돕는 구제사업을 위해서 사용되었다.

히브리인들이 지낸 감사절기는 찬양과 감사와 예물뿐만 아니라 이웃에 대한 봉사가 함께 어우러진 축제의 마당이었고, 그 신앙의 모습을 우리에게 지키기를 성경은 가르치고 있다.

해마다 다가오는 감사의 절기에 우리는 무엇으로 주께 감사할지 한 번 돌아봐야 할 것이다. 어쩔 수 없이 드려야 하는 교회 절기가 오면, 감사헌금 봉투에 얼마를 넣어 헌금함에 넣고는 여느 때나 다름없이 담담히 예배에 참석을 하고, 다들 먹는 밥 한 그릇 먹고 예배당에서 나오는 것이라면 성경이 가르치는 감사절기와는 한참 거리가 멀다. 이런 우리의 행위를 두고 과연 하나님이 기쁨으로 우리의 감사 제사를 받으실까?

성경이 하나님께 드려지는 제사의 법을 제정하실 때부터 줄기차게 강조하는 두 가지는 마음과 정성과 뜻을 다해 하나님께 나오는 것이며, 또 하나는 그 신앙의 마음으로 이웃에게 다가가는 것이다. 우리가 하나님께 나와 찬양과 감사의 예물로 드리는 예배 행위가 교회 안에서만 끝난다면, 그것은 불완전한 감사라는 공식이 도출이 된다. 감사하고 싶어도 감사할 수 없는 이들을 돌아보는 마음을 가져야 진정한 감사라 할 수 있다.

해마다 구세군에서는 추수감사주일을 전후하여 자선냄비를 시작한다. 이 기간 동안 많은 한인들이 봉사에 참여하고, 자선에 참여한다. 미국사회에서만 130년이 넘는 역사를 가진 구세군이 교회당 건물에만 머물지 못하고 길거리에 나가 종을 흔드는 이유가 뭐냐고 묻는다면, 우리의 감사가 감사되게 하기 위함이라고 답할 것이다. 수도 없이 찾아오는 어려운 우리의 이웃들, 헐벗고 소외된 사람들, 한 순간의 실수로 인생의 파탄의 길에서 방황하는 영혼들에게 자그만 빛으로 다가가고 싶은 것이다.

자선냄비 모금 기간을 통해서 우리 한인사회가 나보다 못한 이웃을 돌아보는 진정한 감사의 절기를 지내는 축제의 한마당이 되기를 소망한다. 그래서 자선냄비의 통이 가득 차오르듯 모든 이들의 마음에 감사가 가득 찼으면 좋겠다.

성서가 가르치는 봉사

연말이 가까워 감에 따라 이웃을 위한 봉사 활동이 매스미디어에 자주 등장을 한다. 참 반갑고 고마운 일이다. 이민자의 삶에서 내 살기도 바쁜데 나보다 어려운 교민을 생각한다는 것은 여간 어려운 일이 아니기 때문이다. 더 반가운 일은 교민사회 구석에서 남들이 알아주든 말든 묵묵히 선한 일에 최선을 다하는 이름 없는 분들의 얼굴이 발굴 되어 세간에 알려지는 것도 우리 교민 사회의 밝은 미래를 예견하는 일이다.

이렇게 봉사의 순수한 의미에 걸맞게 자신의 희생을 희생으로 여기지 않고 감사함으로 감당하는 사람이 있는 반면, 생색이나 내세울 자리라면 마다하지 않고 참가하면서, 별반 드러날 것이 없으면 안면을 바꾸는 이들로 인해 봉사의 의미가 퇴색할 것 같아 염려스런 면도 부정할 수 없다. 봉사는 봉사일 뿐인데 그 봉사로 자신을 내세우려 한다면 봉사가 아닌 자기 자랑 내지는 선전의 한 방편일 뿐이기 때문이다.

우리 봉사의 원조이신 예수님은 어떻게 봉사에 대해 가르치셨는지 복음서로 돌아가 보자. 사복음서를 보면 봉사에 대한 예수님의 직접적인 언급이 그리 많은 편은 아니다. 몇 곳에서 봉사에 대한 가르침이 있어도 대부분 다분히 추상적이며 포괄적인 말씀으로 이웃 사랑 실천을 강조하셨다. 그 가운데 예수님이 가장 직접적으로 이웃 사랑에 대한 구체적 실천을 말씀하신 부분은 마태복음 10:42일 것이다.

"또 누구든지 제자의 이름으로 이 소자 중 하나에게 냉수 한 그릇이라도 주는 자는 내가 진실로 너희에게 이르노니 그 사람이 결단코 상을 잃지 아니하리라 하시니라."

여기서 말씀하신 소자라 하는 수혜의 대상은 신체적으로 작은 어린아이를 말하는 것이 아니라 아마도 우리 사회 속에 소외된 사람을 가리키심인 듯하다. 남들의 눈에 띄지 않는 자리에서 어렵게 살아가는 이들, 자기 자신의 이름조차도 내밀지 못하는 이들이 바로 소자일 것이다. 그 소자에게 냉수 한 그릇이라도 주는 자는 상을 잃지 않을 것이라 하셨다. 주님은 누구의 주목도 받지 못하는 어려운 사람에게 행하는 조그만 봉사도 기억해 주시겠다고 약속하시며, 모든 봉사는 "제자의 이름"으로 해야 하심을 이 한 구절의 서두에서 조건적으로 말씀하신다.

"제자의 이름"이란 누구의 이름으로 말하는 것일까? 영어성경 NIV를 보니 "제자의 이름"으로라는 말을 "because he is my disciple"이라고 번역을 했다. 이를 좀더 쉽게 번역해 보면 "그가 나의 제자이기 때문에"라는 뜻이 된다. 즉 봉사를 하는 사람이 예수님의 제자이기 때문에 그 제자라는 이름으로 소외된 사람을 위해 봉사하는 것을 주님이 언젠가는 갚아주시겠다는 말씀으로 해석된다.

마태복음의 앞장을 읽어 보면 주님은 제자의 이름으로 어린 소자 하나에게 냉수 한 그릇이라도 대접하는 봉사의 실천에 대해 말씀하시기 전에 봉사자가 어떻게 해야 할지에 대한 분명한 입장을 말씀하셨다.

"너는 구제할 때에 오른손의 하는 것을 왼손이 모르게 하여 네 구제함이 은밀하게 하라 은밀한 중에 보시는 너의 아버지가 갚으시리라"(마 6:3-4).

이 두 말씀을 연결해 보면 봉사는 작은 것이라도 소중하게 여기되 그 일을 드러내어 알리려 하지 말고 은밀한 가운데 하라는 것이다. 이런 예수님의 가르침에 비춰보면 우리가 하는 봉사는 허울뿐이 아닌가 하는 우려도 있다. 작은 일이라도 은밀하게 하라 하셨는데, 남을 위해 봉사한답시고 누군가가 알아주지 않으면 금방 시들해지거나 포기해 버린다면 그는 십중팔구 봉사의 의미를 잘 모르기 때문이라 보인다.

예수님의 말씀대로 우리 교민사회 어느 구석에서 남모르게 한숨 쉬며 살아야 하는 어려운 이웃에게 드러내지 말고 은밀한 가운데 자그만 온정이라도 나눠준다면, 그것이 진정 성경에서 가르치는 봉사가 될 것이며, 이런 봉사의 손길이 많아질 때 서로 더불어 살아가는 아름다운 사회가 될 것임이 분명하다.

이웃을 먹여야 하는 정당성

우리 교회 앞에는 늘상 진을 치고 살아가는 홈리스 한 명이 있다. 처음에는 교회 앞에 쭈그리고 앉아 있는 모습이 하도 딱해서 빵과 물을 주기 시작했는데, 그것이 발단이 되어 하루가 멀다 하고 교회를 찾아와 문을 두드렸다. 요행히 사람이 있을 때는 무엇이라도 먹을 수 있는데, 그나마 아무도 없는 날은 그도 공치는 날이었다. 보다 못해 구세군에서 운영하는 홈리스 센터를 가르쳐줘도 가지 않고 계속 찾아오는 것이었다.

얼마간은 먹을 것을 주면 어디론가 가서 하루를 지내다가 다시 나타나곤 하던 이 친구가 이제는 교회 앞에 이불을 깔고 아예 자리를 잡게 되었다. 다른 때는 그런대로 괜찮은데 새벽기도를 하러 오는 교인들이 놀래지 않을까 염려가 되기도 했다. 또 요즘같이 갑자기 날씨가 쌀쌀해져서 본인은 얼마나 힘들까 생각하니 그것도 마음이 아팠다.

거기까지는 봐주겠는데, 이제는 교회 앞에 누워 있다가 배가 고프면 먹을 것을 달라고 벨을 누르는 것이다. 지금까지 이 친구가 나에게 달라붙는 과정을 보면 "사막의 낙타 이야기"가 연상이 된다. 사막을 여행하던 나그네가 자기가 타고 다니는 낙타를 생각해서 조금씩 자리를 양보해 주다가 결국 낙타가 텐트 안으로 들어와 자게 된다는 이야기가 왠지 남의 이야기 같지 않았다.

그래서 하루는 마음을 굳게 먹고 이제 그만 다른 곳으로 가라고 야단을 치려고 하는데 그의 얼굴을 보니 차마 그럴 수 없어서 또다시 먹을 것을 챙겨주게 되었다. 한 번도 찡그리지 않고 언제나 웃는 그의 모습 때문에 은근히 그에게 정이 드는 것 같기도 했다. 사지 멀쩡하니 어디 가서 막노동이라도 하면 먹고 사는 데 지장이 없을 터인데도 그는 그렇게 홈리스로 만족하며 사는 듯했다.

나는 구세군에서 준비한 Canteen 트럭으로 급식봉사를 하려는 프로그램을 준비하고 있다. 아직 윌셔 경찰서, 램파트 경찰서와 협의가 끝나지 않았고, 또 다른 교회나 봉사단체의 손길이 미치지 않는 곳을 찾으려 하다 보니 시간이 걸리고 있다. 또 한편으로는 홈리스에게 먹을 것을 주는 것은 아무 소용이 없는 일이라며 곱지 않은 시선을 보내는 이들의 의견도 무시할 수 없는 상황이다. 그런가 하면 구세군이나 다른 단체들이 운영하는 홈리스 수용시설이 있음에도 불구하고 얽매이는 것이 싫어서 그런 곳을 들어가지 않는 홈리스들로 인해 도시 미관이나 치안에 문제가 있다는 지적도 흘러버릴 수 없는 의견이다. 또 어떤 면에서는 홈리스들에게 먹을 것을 주는 것은 자립할 수 있는 가능성마저 막아버리는 일이니 미래를 보면 결국 모두에게 손해라는 지적도 있다. 그런데 이런 생각은 봉사의 일선에 서 있는 나 역시도 고민하는 문제 가운데 하나이다.

소비적인 봉사가 아니라 생산적인 봉사를 해야 하는데, 홈리스에게 급식을 하는 것은 소비적인 봉사에 해당이 되기 때문에 사실은 봉사에 나서는 입장에서도 늘 좋은 것은 아니다. 그런데도 홈리스를 먹이는 일을 그만둘 수 없다. 누군가가 먹을 것을 달라 하면 그는 절박한 상황에서 손을 벌리는 것이기에 있는 사람의 입장이 아닌 그의 입장에서 손에 뭔가를 쥐어 주는 것이 사랑 아닌가?

말로는 희생, 봉사, 헌신, 겸손 하는데 실제로 누군가가 손을 내밀 때 나 몰라라 한다면 그것은 허울 좋은 겉치레에 불과하지 않은가? 나와 같이 홈리스를 먹이고, 어려운 이웃을 돕는 일에 참여하지 않는다고 사랑이 없다거나 말로만 떠드는 외식하는 사람이라고 치부할 수는 없다. 사람마다 생각이 다르고, 인격이 다르고, 가치관이 다르기 때문이다. 그렇다 해도 어려운 이웃을 돕는 일은 어떤 모양으로든 격려해야 하고 함께 이뤄가야 할 이웃사랑이며, 인류를 위한 일임에는 틀림없다.

나는 조만간에 뜻을 같이하는 이들과 함께 Canteen 트럭을 몰고 나가 길거리에서 밤을 지새우며 추위와 굶주림과 싸우는 이들에게 나눔의 일을 시작하고자 한다. 따듯한 커피 한 잔을 나누며 서로 간에 나누는 눈빛으로 세상은 아직도 살 만한 곳임을 알게 하고자 한다. 대상이 누구이든 우리의 손이 필요한 이들이 있다면, 바로 그 자리가 예수님이 보내시는 자리라 믿겠다. 이것저것 따지지 않고 그저 가난하고 배고픈 사람들에게 음식과 마음을 나누어 보려 한다.

구세군의 자선냄비

구세군에서 사역을 하다 보면 만나는 많은 사람들이 내게 무슨 특별한 사연이 있어서 남들이 하지 않는 특유한 일을 하며 사느냐며 말을 거는 이들이 종종 있다. 물론 자신만이 아닌 남을 위해 산다는 일이 결코 쉬운 일이 아니지만, 이 일을 하늘이 주신 천직으로 여기며 사는 내게는 하등 문제될 일이 없기에 그런 말을 들으면 머쓱하기도 하다.

세상이 갈수록 이웃을 생각하고, 남을 위해 봉사하며 산다는 말이 보통 일상적인 일이 아니라, 어느 특정한 사람들의 특별한 이야기로 들리는 듯싶다. 아무런 이해타산 없이 아무런 인연이나 관계도 없는 사람들이 당하는 어려운 현실의 틈에서 뭔가 돕는 일을 한다는 "봉사"라는 개념은 어느 특정한 사람들만의 특별한 이야기가 아닌데도 말이다.

예를 들어 지난 카트리나 재해만 해도 그렇다. 많은 이재민을 낸 뉴올리언스 지역에 구세군에서 모집한 자원봉사자 수천 명이 재난

당한 이들과 함께 수고와 땀을 마다하지 않았다. 돈을 준다 해도 못할 일을 자기 돈과 시간을 투자하며 봉사한 이들에게서 한결같이 보람되고 값진 시간을 보냈다는 말을 들었다. 봉사라는 것은 돈으로 환산할 수 없는 마음의 보람과 인생의 의미를 알게 해주는 묘약이 있기 때문이다.

올해도 구세군의 자선냄비가 한인 타운에 등장한다. 자선냄비는 전 세계 111개국 이상에서 실시하는 연말연시의 세계적인 모금활동이다. 벌써 자선냄비의 역사가 100년 하고도 10년을 훨씬 넘었으니 연말연시의 볼거리로 자리매김을 하고도 남음이 있다.

이 자선냄비가 사람들에게 연말연시의 정취나 느끼라고 등장하는 것이 아니라 어렵고 힘든 이웃들에게 우리의 훈훈한 정을 냄비에 담아서 나누자는 취지에서 길거리마다 종을 흔들며 모금을 호소하는 것임을 아는지 모르겠다.

어떤 이는 자선냄비에 약간의 기부를 하기는 하지만 그 돈이 어디에 쓰이는지 궁금하다고도 한다. 물론 이 모금이 돈을 낸 당사자에게 직접적인 이익이나 혜택을 주는 것은 아니다. 그렇지만 간접적으로는 얼마든지 그 작은 액수의 기부가 사회에 공헌을 할 뿐만 아니라 본인도 작은 혜택을 받고 있다.

예를 들어서 구세군에서 운영하는 마약중독자 재활센터가 남가주 지역(Southern California)에만도 10여 곳에 있다. 한 곳에 적게는 200명에서 많게는 300여명을 수용하는 곳이니 규모가 결코 작은 것이 아니다. 저선냄비 모금액의 일부는 이런 전문 시설의 운용에 사용한다. 한 사람이 내는 기부금이 $1든 아니면 그보다 적은 액수든, 쌓이고 쌓여서 우리 사회의 소외된 이들에게 새로운 인생의 길을 열어주는 데 유용하게 쓰이니 본인의 기부에 대한 효과를 간접적으로 보고 있는 것이다.

    우리는 시간이라는 묘한 정점 위를 살고 있다. 그 정점 가운데서도 연말이라는 한 토막의 징검다리를 건너는데, 이런 때에 나보다 어려운 이웃을 한 번쯤 돌아볼 수 있다면 얼마나 좋을까? 만일 마음으로 이런 생각을 갖는다면, 손쉽게 가까이에 있는 자선냄비에 기부를 하면서 종을 흔드는 봉사자들과 가벼운 인사를 나누어 보라. 어찌 그 짧은 순간의 행복을 기부한 액수의 가치에 비할 수 있을까?

    벌써 20여 년을 자선냄비 봉사를 해온 내게 해마다 이름도 모르는 천사 같은 분들을 만나는 행복이 있듯이, 자선냄비가 서 있는 곳을 지나는 분들도 자선냄비를 통해 조그만 행복을 누리게 되기를 소망한다.

추억 속의 성탄

1988년 서울 올림픽의 팡파르가 울리기 직전에 충청도 신례원에 개척교회를 시작함으로 목회 길에 들어섰는데, 벌써 19년의 시간이 지나버렸다. 시간이 지나도 그 처음 목회지를 잊을 수 없다.

특수작물을 하는 동네이다 보니 낮에는 사람 구경을 할 수가 없었다. 동네 사람을 만나려면 밤 아니면 이른 새벽에나 찾아가야 만날 만큼 바쁘게 사는 동네였다. 시골이라 딱히 갈 곳도, 놀 거리도 마땅치 않은 동네 아이들은 학교가 끝나고 집에 돌아오면 으레 교회 마당에 모여 해가 떨어질 때까지 놀았다. 그러니 교회는 동네 놀이터가 되었다.

100여 호 되는 동네에 초등학교 미만의 아이들이 80여 명, 중·고등학생들이 50여 명 되었는데, 그 중에 한둘을 제외하고는 거의 다 하루에 한 차례는 교회를 들렀다. 그 한둘은 할머니의 종교가 달랐기 때문이었다. 더구나 교회가 동네의 가장 중심에 자리를 잡고 있어서 싫든 좋든 동네사람이라면 하루에 한두 번은 교회 앞을 지나가야 했다.

그렇게 매일 교회에서 노는 아이들을 위해 아내와 함께 숙제도 봐주고, 영어도 가르치고, 피아노도 가르치고, 밥 때가 되어도 집으로 가지 않는 아이들에게는 저녁도 해 먹였다. 자식이 없는 우리에게 100명도 넘는 자식을 주셨으니 그야말로 복 터진 것이었다.

때로는 혹시라도 아이들이 잘못될까 싶어 면소재지 내 청소년들이 갈 만한 장소나 가게를 순시하는 일도 중요한 과제 가운데 하나였다. 특히 오락실에서 게임에 빠져 학교를 안 가는 아이들이 발견되면 잘 달래서 학교로 보내거나 교회로 데려와 같이 시간을 보내기도 했다. 그렇게 동네 아이들의 부모 아닌 부모 노릇을 하다 보니 동네 사람들과 허물없이 지내게 되었다.

지금도 생각하면 가슴이 따뜻한 이야기가 당시 목회초년 시절에 참 많이 있었다. 그 중에 자선냄비와 성탄절에 관계한 장면은 평생 잊을 수 없는 재미나고도 가슴 뭉클한 드라마틱한 사건이었다.

대부분의 동네 사람들은 교회를 나가지 않거나, 일 년에 한두 번만 가도 되는 절에 다니는 분들이 많았는데, 12월 중순경부터 구세군 자선냄비가 시작되면 바야흐로 온 동네 성탄 행사의 서막이 되었다. 손바닥만한 조그만 면 소재지의 자선냄비는 기껏 해야 일주일이었다. 방과 후 학생들이 주로 자원봉사로 자선냄비를 서지만, 결국 동네 아이들이다 보니 그 부모나 가족들이 봉투에 돈을 담아 자선냄비에 넣었다. 어느 한두 집만 그런 것이 아니라 온 동네 사람들이 자녀들의 성화에 자의 반 강제 반으로 자선냄비에 참여하기 시작하더니 급기야는 의례적인 행사가 되어버렸다.

자선냄비가 끝나고 성탄 이브가 되면, 이브부터 시작해서 다음날 성탄절까지 동네잔치를 벌였다. 교회 학생들이 동네 아이들이고 동네 아이들이 교회 학생들이다 보니 절에 나가거나 다른 교회를 나가거나, 교회를 나가지 않는 동네 어른들까지도 성탄 이브 날은 다들 교회에 모여 아이들의 재롱잔치를 보며 즐거움을 만끽했다. 피곤한 몸을 이끌고 자식들 재롱잔치를 보러 온 동네 사람들에게 교회는 푸짐한 음식을 준비하여 나누었다.

그리고 성탄절 새벽, 새벽송을 돌라치면 교인 집에만 갈 수 없었다. 아이들이 미리 부모나 가족들에게 새벽송 맞을 준비를 하라고 신신당부를 하고서는 다들 밤새도록 교회에 모여 놀다가 새벽송을 하러 나가니, 그 아이들을 맞이하기 위해 집집마다 밤새도록 불을 켜 놓고 새벽송 오기만을 기다려야 했다.

서너 패로 갈라져 새벽송을 돌다보면 집집마다 내놓는 음식에 배가 부르고, 바리바리 싸주는 과자며 선물에 준비해 간 보따리가 가득했다.

그뿐만이 아니다. 성탄절 예배 때는 한 번도 교회 예배에 안 오는 동네 사람들까지 돈 봉투를 들고 교회에 부조를 하러 왔다. 그 날은 예수님의 성탄절이면서도 교회는 부조를 받는 날이었다. 또한 새벽송 선물로 동네 사람들이 내 놓은 물건은 동네에서 선정한 어려운 집을 위해 나눴기에 자연스레 이웃돕기 행사도 이뤄졌다. 누가 들으면 자다가도 웃을 재미난 일이 처음 개척을 했던 그 동네에서 해마다 일어났다.

성탄이 가까워지면 그 때가 그리워진다. 교회 건물 속으로 들어오느냐 아니냐로 파가 갈리는 현대 종교의 편파성을 떠나서 누구든 예수님이 오신 날을 기쁨으로 누릴 수 있었던 그 시절이 정말로 그리워진다.

예수님이 태어나신 곳이 성전의 지성소나 제사장의 안채나 무슨 고관들의 집이 아니라 베들레헴 한 여관이 선정된 것을 보면 예수님의 오심을 기뻐하고 축하하는 것은 교회만이 누려야 할 특권은 아닌 듯하다. 그러니 처음 목회한 신례원 동네의 성탄은 정말로 희망과 갈 길이 보이지 않는 우리가 반드시 체험해 봐야 할 귀중한 체험이었던 것 같다.

예수님의 오실 날을 기다리는 대강절 기간, 우리가 만날 예수님께서 우리의 기대와 달리 여관에서 태어나셨음을 생각한다면, 이번 성탄에는 교회만 예수님의 탄생을 만끽하는 것이 아니라 교회 밖의 어려운 이웃들과 함께함으로 예수 탄생의 의미를 더욱 크게 새겨야 할 것이다.

소명의 실체(1)

성경에서 말하는 소명이라는 단어는 "부른다"는 뜻을 갖고 있는데, 여기서 부름의 행위에 대한 주체는 하나님이시고, 객체는 사람들이다. 하나님이 부르시며 선택하시고, 사람이 거기에 응답함으로 소명은 형성이 된다.

소명이 임한 것은 하나님께서 계획하신 어떤 사명을 이루게 하기 위해서일 것이며, 그 사명을 이루는 데 일상적인 부름이 아닌 뭔가 특이한 사건이 첨가되어서 하나님의 지명이 단순한 부름이 아닌 소명이라는 말로 명칭이 되는 것이다.

성경은 많은 신앙의 사람들의 소명을 소개하는데, 구약성경 가운데 소명을 가장 잘 소개하는 곳은 이사야서이다. 대표적인 구절로 이사야 42:6에 보면 "나 여호와가 의로 너를 불렀은즉 내가 네 손을 잡아 너를 보호하며 너를 세워 백성의 언약과 이방의 빛이 되게 하리니"라고 했다.

신약성경에도 소명에 대한 소개를 여러 차례 하고 있다. 특히 바울은 디모데후서 1:9에서 소명에 대한 명확한 정의를 하고 있다.

"하나님이 우리를 구원하사 거룩하신 부르심으로 부르심은 우리의 행위대로 하심이 아니요 오직 자기 뜻과 영원한 때 전부터 그리스도 예수 안에서 우리에게 주신 은혜대로 하심이라."

이 구절 속에는 소명의 주체와 객체, 소명의 원인과 대상에 대해서 잘 정리하고 있다.

우리 성도들은 종종 소명이라는 말을 듣다. 그리고 소명은 어떤 특별한 사람에게 임하시는 하나님의 역사라 생각한다. 그 말이 틀리다는 것은 아니다. 성경에도 보면 대부분의 믿음의 선조들은 하나님의 특별하신 부름을 받고 하나님의 말씀을 선포하거나 예언을 하게 되었다. 신약성경에도 사도들은 예수님의 직접적인 부름을 받아 제자의 길을 나서게 되었다. 이런 성경의 기록이 오늘날 우리에게 소명이라 함은 이상스런 계시나 엑스타시를 체험한 상태라는 생각을 갖게 한다.

물론 현재도 그런 신비스런 체험을 통해서 소명의 주체와 객체의 관계가 형성될 수 있다. 또 어떤 이에게는 그런 이상스런 현상으로 하나님의 사람이라는 확신을 갖게 할 수도 있다. 특히 신앙의 간증을 하는 이들에게서 보이는 한결같은 내용은 모두가 상상할 수 없는 신비한 경험을 통해서 하나님을 만나고, 그 만남이 소명으로 연결되어 사역에 참여하게 되었다는 삼각함수 같은 스토리로 전개를 하고 있다.

여기서 우리가 제기할 문제가 있다. 모태신앙으로 어려서부터 신앙의 가정에서 자라며 자연스레 믿음 생활이 몸에 밴 성도는 무슨 특유한 체험도 없고, 그렇다고 타락하였다가 다시 돌아오는 탕자의 삶을 산 것도 아닌 순탄한 그리스도인의 삶을 살았다면, 이런 사람은 소명이 없는 성도라고 말할 수 있을까?

누구누구처럼 교회 개척에 열심을 내고, 어려운 이웃을 돕는 일에 앞장을 서고, 하나님의 나라 확장을 사명으로 여기며 모든 인생의 초점을 오직 복음전파에 걸고 사는 투철한 성도만이 소명의식 속에 사는 사람이라고 단정할 수 있을까?

교회를 담임해도 한인사회 속에 열손가락 안에 꼽을 만큼 대형교회를 담임하는 목회자는 모세나 여호수아 같이 특출나게 하나님의 음성을 직접 들음으로써 소명을 받은 사람의 부류에 속하고, 월세 내기도 버거운 교회를 허덕이며 감당하는 목회자는 소명이 아니라 자신의 이기심 내지는 소명에 대한 편협한 해석으로 길을 잘못 선택한 것이라고 말할 수 있을까?

현대를 살아가는 우리 성도들이 생각하는 소명의식을 성경에서 보이는 경이로운 체험을 통해서 부르심을 받고 하나님의 위대한 사역에 동참하는 이들에게만 초점을 맞추는 것은 성경에 대한 눈이 너무 편협하기 때문일 것이다. 만일 성경에서 언급하는 믿음의 조상들이 보여준 무용담이나 경이로운 사건과 비슷한 일을 체험하는 이들만이 소명을 받은 성도라고 한다면 오늘날 교회 속에서 소명을 받은 이들은 극소수에 불과할 것이다.

그렇다면 성경에서 말하는 소명이라는 말은 오늘을 살아가는 현대 성도들에게는 좀더 확장된 의미로 재해석되어야 할 것이다. 소명을 받았다거나 소명을 받아야 한다는 말이 베드로나 바울과 같이 모든 것을 버려두고 복음전파를 위해 풀타임으로 나서야 하는 것이라면, 소명이라는 말은 일반 성도를 대상으로 하는 단어가 아니라 특별한 계시를 받은 보통 이상의 성도들에게만, 또는 사역자들에게만 해당이 될 것이다. 그러면 현대교회에서 해석되어야 할 부름에 대한 소명은 어떤 의미로 이해하는 것이 타당할까?

소명의 실체(2)

성경 가운데서 특히 구약성경에 등장하는 신앙의 사람들은 대부분 하나님의 부름을 직접 받았다. 부름만 직접 받은 것이 아니라 부름 받고 난 후로도 선지자의 사역에서도 하나님과 개인적인 관계를 가졌다. 이들은 하나님의 음성을 직접 들었고, 그 들은 말씀을 민중들에게 선포했고, 하나님의 말씀 대언자로서 역할을 감당했다. 그러다 보니 부름은 특유한 사건이 아닌 하나의 매개체로서 선지자 각자의 부름에 대한 확신을 갖게 할 필요가 있었다.

신약시대에도 열두 제자의 부름은 분명한 예수님과의 만남으로 이뤄진 것이다. 예수님과의 만남의 사건은 유다를 제외한 제자들에게 박해의 어려운 상황 속에서도 복음전파의 사명을 이뤄갈 수 있는 힘을 실어주었다.

그 후로 바울의 부름에서부터는 소명이란 것이 불특정한 개인의 체험으로 변모되었다. 사도행전 9:3-7은 바울이 예수를 만나 소명을 받는 체험을 기록하고 있다.

"사울이 행하여 다메섹에 가까이 가더니 홀연히 하늘로서 빛이 저를 둘러 비추는지라 땅에 엎드러져 들으매 소리 있어 가라사대 사울아 사울아 네가 어찌하여 나를 핍박하느냐 하시거늘 대답하되 주여 뉘시오니이까 가라사대 나는 네가 핍박하는 예수라 네가 일어나 성으로 들어가라 행할 것을 네게 이를 자가 있느니라 하시니 같이 가던 사람들은 소리만 듣고 아무도 보지 못하여 말을 못하고 섰더라."

위의 말씀에는 다메섹 도상에서 바울이 예수를 만나 소명을 받은 내용을 비교적 상세히 증언하고 있지만, 바울과 동행했던 이들은 전혀 바울에게 임한 소명을 감지하지 못했다. 성경은 바울 주위에 있는 이들은 어떤 소리만 들었다 했지 바울이 들은 음성이나 빛에 대해서는 전혀 알지를 못했음을 우리에게 알려준다. 여기서부터 우리는 교회를 중심으로 나타나는 하나님의 부르심의 대중화 시대를 만나게 된다.

예수님이 세상에서 공생애의 삶을 살던 시기까지는 하나님께서 당신의 사역을 이루시기 위해 필요한 사람들에게 이상과 기적으로 직접 소명을 주셨다. 그 소명을 받은 이들은 반드시 부름에 맞도록 살아야 했으며, 그 사명을 어겼을 경우에는 그에 상응하는 채찍을 맞았다.

이런 소명에 대한 역사는 유다까지 이어왔다. 그리고 바울에게 와서부터는 더 이상 하나님의 부름에 대한 객관적 증거나 기적의 역사 대신에 주관적 체험으로 소명이 이뤄지게 되었다. 그래서 바울은 앞 세대의 선지자나 사도들과 다른 양상의 사역을 했다.

바울 앞 세대에 소명 받은 이들은 히브리 민족의 해방이나 구원과 같은 거국적인 사건에 관여를 했다면, 바울로부터 시작해서 신약시대에 등장하는 소명 받은 이들은 개인적 구원이나 교회를 중심으로 하는 공동체의 사역에 집중하고 있다. 그래서 교회를 세우는 일과 교회 공동체를 교육하는 일에 대해 자세하게 기록하고 있는 사도시대의 내용이 신약성경의 맥이 되는 것이다.

신약성경에서 말하는 교회라는 단어는 "부름을 받은 사람들의 모임"이라고 해석된다. 부른 주체는 하나님이시고, 그 부름에 응답한 객체는 성도들이다. 그러니까 신약시대 이후로 형성된 교회는 하나님의 부름에 개인적으로 응답한 성도들의 모임이 되었다. 이런 변화는 특정한 이들에게 임한 하나님의 소명이 이제는 불특정 다수의 성도들에게 임하게 됨을 보여준다. 이런 변화는 특정인 한둘에 의해 좌우되었던 하나님의 역사가 대중의 성도들에게로 전이되었다는 증거이다.

이러한 변화를 허락하신 하나님의 의도가 무엇인지를 생각해 보자. 여기에는 하나님의 부르심의 역사가 어느 한두 사람에게 임하여 그들의 강력한 영적 지도력으로 하나님의 말씀을 세상에 선포하는 것 대신에 누구든지 예수의 이름을 믿는 이들에게 임하시는 소명의 대중화를 이루시기 원하시는 하나님의 의도가 분명히 있을 것이다. 그런 하나님의 의도를 읽게 된다면 소명을 받았느냐 받지 못했느냐에 대한 문제는 더 이상 기적적인 사건이 아니며, 인생의 분기점을 가르는 특별한 체험이 곧 소명이라는 공식은 형성이 안 될 것이다.

물론 그런 체험이 소명과 무관하다는 것은 아니다. 하지만 하나님의 부르심이 이상스런 체험을 통해서 선교사나 목회자로 만들기 위한 의도로만 해석된다면 우리가 생각하는 소명이라는 말은 하나님의 역사를 거스르는 일이 될 것이다. 그러니 하나님의 부르심은 예수 그리스도를 구주로 믿는 모든 성도들에게 개별적으로 임하는 것이요, 그 부름에 응할 때 우리는 소명 받은 성도가 될 것이다.

제5부

교회 실존 이야기

한국교회의 미래 진단(1)

교회는 다양한 사람들이 모여 이루는 공동체이다. 그런 만큼 교회가 감당해야 할 일도 다양하다. 교회의 모형인 초대교회를 들어서 교회가 해야 할 사명을 든다면 크게 다섯 가지인데, 그 다섯 가지는 예배, 봉사, 전도, 교육, 구제사업이라고 말한다. 보통 건강한 교회라면, 어느 교회든지 이 다섯 가지의 교회 사명을 수행하고 있어야 한다. 다만 교회의 규모에 따라 다소간 사명을 이행하는 능력이나 규모 면에서 차이는 있을 것이다.

초대교회 중에서 어머니 교회에 해당하는 교회는 예루살렘 교회이다. 예루살렘 교회가 로마 정부와 유대사회의 기득권 세력에 집중적인 박해 대상이 되자, 신앙을 지키고, 박해를 피해서 흩어진 초대교인들은 가는 곳 마다 교회를 세웠다. 그 어려운 와중에서 최초로 성도라는 호칭을 받은 교회는 예루살렘 교회가 아니라 박해를 피해 안디옥 지방으로 건너간 교인들이 세운 안디옥 교회였다.

사도행전 11:26에 보면 "안디옥에서 비로소 그리스도인이라 일컬음을 받게 되었더라"고 했다. 안디옥 교회가 이런 호칭을 먼저 받은 이유는 예루살렘 교회에 비해서 교회 규모가 더 크거나 자산이 많아서가 아니라, 건강한 교회로서 교회 사명을 지역사회 안에서 잘 수행했기 때문이다. 안디옥 교회가 비록 예루살렘 교회만큼 크지는 못하지만, 교회로서 자기 역할을 충실히 했기 때문에 안디옥 교인들이 성도라는 호칭을 처음으로 받은 것이다.

요즘 들어 한국의 대형교회들이 언론에 집중포화를 맞고 있다. 교회 세습에다가 비대해진 교회의 규모에 비해 투명성을 결여한 교회 운영에 대한 문제 때문이다. 물론 이런 이슈는 어제 오늘의 문제가 아니긴 하지만, 한국교회의 신도수가 점점 줄어드는 마당이라 대수롭게 넘길 수만은 없는 실정이다.

오늘날 대형교회의 문제가 사회 문제로 불거지는 이유는 교회 지도자들의 사명 결여나 대형교회가 교회로서 제대로 역할을 못하기 때문이라는 데는 반론의 여지가 없다. 헌데 그 빌미를 제공한 이들이 누구냐 하는 것이다.

대부분 대형교회들은 새 신자의 등록으로 성장하는 경우보다 다른 교회에서 수평이동으로 성장하는 경우가 대부분이다. 개척교회나 소형교회 목회자나 전도자들이 열심히 다니며 전도해서 어느 정도 일할 만큼 만들어 놓으면, 작은 교회에 대한 부담감 내지는 대형교회에서 제공되는 일련의 교육 프로그램에 참여하고 싶은 욕망으로 자신의 신앙을 만난 곳을 뒤로하고 대형교회로 이동을 한다. 이런 과정을 놓고 보면 대형교회의 문제를 만든 가장 큰 주범은 대형교회의 담임목사나 행정 요원들이기보다는 성도 스스로가 그렇게 만들고 있다는 결론이다.

교회는 대형교회이건 개척교회건 이단이나 사이비가 아닌 이상 똑같은 교회이다. 교회의 머리는 예수 그리스도이니 예수님의 십자가가 걸려 있고, 삼위일체를 고백하며, 성경의 말씀을 하나님 말씀으로 믿는 교회라면 다 같은 교회이다. 차이라 하면 대형교회는 중소형교회에 비해 활동의 폭이나 교육 시스템이 훨씬 다양하다는 것뿐이다.

대형교회가 크게 자라는 것은 교회 위상을 위해 나쁠 일이 없다. 우리말로 "큰 호박이 한 번 구르는 것이 조그만 씨앗이 백번 구르는 것보다 훨씬 낫다"는 말이 여기에 적용될 것이다. 일을 해도, 구제 사업을 해도 중소형교회가 하는 것보다는 대형교회가 하는 것이 규모 면에서 훨씬 모양새가 낫다. 그러나 대형교회는 중소형교회의 공로를 잊어서는 안 된다. 대형교회의 대부분의 성도들은 그 교회에서 처음부터 신앙을 시작하여 성장해 나간 것이 아니라 타 중소형교회에서 수평이동으로 대형교회가 된 것이기 때문이다.

대형교회 성도들도 마찬가지이다. 대형교회는 더 많은 사람들을 만날 수 있고, 더 많은 사회를 경험할 수 있다. 자녀들을 더 좋은 환경과 여건에서 교회교육에 참여시킬 수 있다. 그래서 자신의 신앙이 자라온 개척교회나 중소형교회의 담임목사나 교우들과의 관계를 단절하는 아픔을 감수하면서도 수평이동을 감행한다. 그러고 나서는 대형교회에 문제가 불거진다 해서 아우성친다.

과연 불특정 다수의 사람들 속에서 맺는 인간관계가 사람 대 사람의 관계성으로 이어질 수 있을까? 일주일에 한두 시간 나누는 교회교육이 아무리 잘된다 해도 그 교육이 사람의 미래를 좌우할 만큼 영향력을 발휘할 수 있을까?

한국교회의 미래 진단(2)

나는 유럽을 여행하며 큰 깨달음을 얻었다. 유럽은 일찍부터 복음이 번창한 지역이다. 불교의 문화에서 자라난 우리에 비하면, 기독교 정신 가운데 자라난 유럽인들이 부럽기도 했다. 하지만 유럽을 여행하며 그런 나의 마음이 바뀌었다. 과거에 번영을 누렸던 유럽의 대부분의 대형교회들은 지역사회의 주도적 역할을 했고, 그런 교회를 담임하던 목회자들은 지역사회의 저명인사로 대접을 받던 시대가 한때 있었다. 신학은 철학 위에서 군림을 했고, 교회의 권위는 일개 국가의 황제도 감히 건드릴 수 없는 번영을 누리기도 했다. 그렇게 대단했던 유럽의 교회가 관광객이 내는 입장료로 운영이 되거나, 정부의 도움으로 유지되는 현실을 보며 우리 한국교회와 한인교회들의 암울한 미래를 보게 되었다.

한국교회는 성도 수의 감소에 대한 위기의식이 팽배하다. 한국교회뿐만 아니라 미국 한인사회를 중심으로 존재하는 한인교회들도 비슷한 고민에 빠져 있다. 한국이나 미국이나 수많은 대형교회들이 위용을 자랑하며 굳건히 서 있는 모습도 모습이지만, 개척교회나 작은 교회들이 생겼다 사라지는 일들이 빈번하다.

 타운을 지나다 보면 눈에 보이지 않던 교회가 생겨나고, 또 얼마 지나면 있던 교회가 없어진다. 수년 동안 교회를 개척한 담임목회자의 가족만이 예배를 드리는 작은 교회의 수도 상당하고, 겨우 명맥을 유지하는 교회는 월세며 교회 유지비를 벌기 위해 목회자가 노동판을 전전하고, 사모도 돈 버는 일에 나서야 하는 안타까운 일이 허다하다.

 그런가 하면 대형교회는 날이 갈수록 비대해진다. 그러면서 더 큰 부지, 더 좋은 건물, 더 많은 신도 수 확보를 위해 총력을 기울인다. 교회가 무슨 기업체도 아닌데도 기업체의 경영방식 이상으로 세상적 상술에 끌려가고 있다. 말은 하나님의 뜻과 하나님 말씀의 실현이라 하는데, 그 속을 들여다보면 하나님은 저 멀리 계시는 듯하다.

 하지만 앞으로 30년, 50년 후에도 그런 대형교회들이 오늘과 같은 모습을 유지할 수 있을까? 그렇게 생각한다면 그것은 큰 오산이다. 이미 그런 현상이 한국의 대형교회들 속에 벌어지고 있다. 등록 교인의 수는 수천 명, 수만 명이라고 하지만, 실제로 교회를 출석하는 신도의 수는 그 반도 체 안 되는 것이 현실이다. 수치는 간단히 나온다. 모 교회의 신도 수가 7,000명이라고 한다. 그래서 나는 그 교회의 실제 수가 얼마인지 확인 작업을 해봤다. 그 교회의 좌석 수는 약 800석이었다. 하루에 5부 예배를 보니 매 예배시간마다 800명이 다 찬다고 해도 주일예배에 참석하는 신도 수는 4,000명이다. 하지만 매 예배 때마다 800명이 다 차는 것은 아니었다. 그렇다면 적어도 일주일에 한 번씩 교회에 오는 성도의 수는 4,000명도 안 된다는 결론이다. 일주일에 한 번 예배에 참석하는 수가 4,000명이 안 되면 실제로 교회 활동에 참여하는 신도 수는 1,000명도 안 된다는 숫자상의 환산이 나온다.

오늘날 대형교회들의 신도 수 계수 방식을 보면, 실제로 교회를 출석하는 인원뿐만 아니라 등록만 되어 있으면 이사를 갔든 다른 교회로 갔든 모두 다 교회 신도 수에 포함하여 인원을 말한다. 이런 현상은 이미 대형교회들의 신도 수가 감소하고 있다는 분명한 증거이다. 그러니 실제적인 신도 수를 발표하지 않고 있다고 해도 과언이 아니다.

대학에 다닐 때 잠시 모 신문사에서 신문구독자 확보를 위해 방문상담일을 해본 적이 있다. 그때 나는 일간신문사에서 발표하는 자사의 신문 발행부수가 상당히 부풀려 있다는 것을 알았다. 실제로 돈을 내고 구독을 하는 이들도 있지만, 무료로 신문을 공급하는 경우도 허다하다는 것을 그때 알았다. 무료로 신문을 돌리는 연유를 물으니 신문 발행부수는 곧 광고에 직결되기 때문이라는 것이었다. 그것은 신문사를 살리기 위한 고도의 전략이기에 그 어느 누구도 시시비비를 가릴 일이 아니라 했다. 신문사가 살아남을 뿐만 아니라 이윤을 남겨 타사에 경쟁력을 갖추어야 하는 것은 기업체 생리상 당연한 일이다.

하지만 교회가 이윤을 추구하는 일반 기업체의 모습을 본받아 고도의 전략으로 교회를 운영한다면, 우선 당장은 만족할 성과가 있을지 모르지만, 그것이 얼마나 갈지는 의문이다. 대형교회 수가 늘어나는 것이 과연 좋은 일인가? 천만의 말씀이다. 오히려 대형교회보다는 100~200명 정도의 중소형교회가 늘어나야 한다.

　물론 대형교회가 일을 해도 더 많이 할 수 있다. 일단 재정이 튼튼하니 무슨 일을 해도 모양새가 갖춰지고, 질 좋은 서비스를 할 수 있다. 하지만 아무리 큰 교회라 해도 일반 기업체에서 벌이는 사회복지 사업이나 지역사회 사업에 경쟁력을 갖출 수 있을까? 예를 들어 어느 대형교회가 지역사회를 위해 병원을 세워 운영한다고 하면, 그 병원의 운영이 과연 대 기업체인 삼성에서 세운 병원이나 현대 아산재단의 병원 등에 견줄 수 있을까?

　만일 대형교회가 문제가 생겨서 교회가 깨어지게 되는 일이 발생되었다고 하자. 그러면 해당 교회에서 실망한 교인들이 다른 교회나 중소형교회를 자의로 찾아서 이동할 수 있는 확률이 얼마나 될까? 그들 가운데 대부분은 이미 중소형교회에서 이런저런 경험을 거쳤다. 인간적으로 가족같이 지내서 좋고, 또 처음 이민을 왔을 때 도움까지 받아서 고마운 마음으로 교회활동에 참여했다. 그런데 살다보니 이제는 홀로 얼마든지 문제를 풀어갈 수 있는 능력도 생기고 집도 안정이 되면서 인간적으로 부딪쳐야 하는 중소형교회에 대한 부담감이 밀려온다. 남들 봉사하는 데 모른 척할 수도 없다. 교회 이전이나 부지 마련과 교회 건축 등을 위해서 다들 헌금을 하는데 도움까지 받은 입장에서 가만히 있을 수 없게 된다. 이런 갈등이 지속되다가 어느 순간부터 교회의 부족한 모습이 눈에 들어오고, 자녀들 교육문제에도 관심이 생기다 보면 조그만 구실을 빌미로 두 눈 질끈 감고 대형교회로 이동을 결행한다. 이런 과정으로 대형교회로 간 교인들이 대형교회가 갈라설 때 다시 중소형교회로 옮겨갈 수 있을까? 대단한 신앙인이 아니고서는 거의 기대할 수 없다.

한국의 대형교회나 미국의 대형 한인교회들이 언제까지나 탄탄한 재정과 교인 수를 유지해 갈 수 있으리란 보장은 없다. 언제든 발생될 변화의 위험을 내포하고 있는데, 이런 위험을 절감하면서도 지속적으로 성장하는 교계를 기대한다면, 지금부터라도 중소형교회 중심으로 전환을 모색해야 한다. 그렇지 않으면 우리 교회들이 유럽 교회들의 전철을 그대로 답습해 가지 말라는 보장은 어디에도 없을 것이다.

미국 한인교회 존재의 위기

한인사회 속의 여러 교회들에 불거지는 불신 풍조와 불협화음이 우려를 금할 수 없는 상황까지 와 있음을 많은 이들이 공감하고 있다. 목회자의 윤리나 도덕 문제부터 시작해서 교인들끼리 벌어지는 파벌싸움, 목회자와 교인 간의 갈등, 교회 매매 문제 등 끊이지 않는 문제가 교회를 통해서 야기되고 있다.

이야기를 들어보면 그렇게밖에 할 수 없는 이유들이 있다. 하다 하다 안 되니 할 수 없이 경찰을 부르고, 법원에 고소를 할 수밖에 없다. 대화로 안 되니 무력으로 시위를 할 수밖에 없다. 이런 방법으로 문제를 풀어가는 것은 교회 밖에서나 특정 목적을 이루기 위해서 정당화되는 것인데, 그 정당성이 교회 안에서까지 들어와 버젓이 틀을 잡고 있다.

교회 안에서까지 비방과 폭력과 고소가 빈번히 일어난다. 그러니 교회가 왜 교회인지 이해가 되지 않는다. 세상과 다른 점이 없으면 굳이 교회라는 장소를 세울 이유도 없고, 거기에 모일 이유는 더더욱 없는 것이다.

우리가 말하는 교회라는 곳은 세파에 시달리는 힘든 영혼들이 위로받고, 힘을 얻어서 세상으로 나가 자신이 받은 사명을 감당하며 살도록 하는 완충지역이라고 할 수 있다. 사람들의 이해타산이 아닌 하나님의 진리의 말씀이 선포되어, 그 말씀을 통해 죄에 젖어버린 영혼들이 깨닫고, 성령님의 역사로 새롭게 태어나는 곳이다.

바울이 "나는 날마다 죽노라"고 선언한 대로 교회는 세상의 잣대로 살아가는 우리의 욕망을 잠재우고, 분노를 삭이고, 아픔을 치유하는 곳이다. 그래서 "나"라는 걸 사람이 죽고 "하나님의 자녀"로 새롭게 태어나는 곳이다. 이런 사람들은 누구든지 바울과 같이 날마다 자신을 십자가에 못박고, 이제는 새로운 모습으로 거듭나서 바울과 같이 "나는 날마다 죽노라"고 말할 수 있다.

그런데 우리는 "내가 죽는 것이 아니라 네가 죽어야 한다", "나는 잘못이 없고 너만 잘못이 있다"고 한다. "네가 죽을지언정 나는 절대로 죽을 수 없다"고 한다. "내가 잘못이 없는데 왜 죽느냐" 한다. 이런 상황이다 보니 교회 나가는 것이 부담스럽다는 교인들이 상당수인 것 같다. 이제는 헌금을 강요하는 차원이나 교회 활동에 너무 많은 시간을 들이는 그런 정도가 아니다. 총체적으로 교회의 존재 이유가 흔들리는 지경에 이르렀다.

부모가 교회를 나가는 가정의 청소년들에게 들어보면 대부분 부모들이 집에 와서 자녀들이 있는 자리에서 교회와 성도들과 목회자에 대해 좋지 않은 말을 하는 것을 자주 듣는다 한다. 이런 양상은 2세대가 교회 생활에 충실히 할 수 있는 여지를 뿌리부터 잘라버리는 결과를 초래하게 될 터인데도, 전혀 아랑곳하지 않고 내 의견과 내 뜻만이 관철되면 그만이라 생각한다. 이런 우리에게 사도 바울의 로마서 1장의 말씀은 아주 적절한 교훈이 된다.

바울은 로마서 1:21에서 당시 사람들에게 말만 성도이지 성도답게 행동하지 않음을 책망하고 있다. 그런데 그 책망이 오늘을 살아가는 우리에게도 전하는 바울의 외침임을 부정할 수 없다. 당시 성도들에게 전하는 추상같은 말씀의 핵심은 다음과 같다.

1. 하나님을 알기는 잘 아는데 행동이 뒤따르지 않는 점
2. 겉으로는 성도인 척하는데 실제로는 아니라는 점
3. 성도들이 부도덕하게 사는 모습 가운데 대표적인 것이 성적 타락이라는 점
4. 문제 만들기를 좋아하며, 문제가 끊이지 않고 일어나는 것을 즐긴다는 점
5. 문제를 만드는 행위가 하나님 앞에 옳지 않음을 알면서도 자신들만 문제 속에 있는 것이 아니라 다른 성실한 성도들까지 끌어들인다는 점

사람이 사회를 이루고 사는 곳이라면 어디에나 문제는 있다. 진짜 문제는 교회 내에서 어떤 사건이 불거질 때 어떻게 풀어 가느냐이다. 바울은 "의인은 없나니 하나도 없다"고 했다. 이 말은 누군가의 잘못을 꼬집고, 비판을 하고, 대적하는 이들도 역시 죄인이라는 말이다. 그러므로 우리 죄인된 교인들은 더 이상 세상의 잣대로 하나님의 성전 내에서 벌어지는 일을 판단하지 말고, 오직 예수 그리스도의 십자가를 바라보며 불거지는 문제를 대처했으면 좋겠다. 그것이 교회다운 모습이고, 성도다운 모습이 될 것이다.

그루터기

교회는 여러 사람들이 모여서 하나의 지체를 이룬다. 성경은 이런 교회를 예수 그리스도의 몸이라고 표현하고 있다. 교회를 이루는 데는 여러 사람이 필요하다. 교회를 영적으로 지도하는 목회자로부터 성가대, 교사, 봉사자, 제직들 등등 다양한 일꾼이 있어야 교회가 건전하게 유지되어 가고, 더 나가서는 성장해 갈 수 있다.

그런데 교회 내에 병이 있다. 가장 큰 병이라면 "나 아니면 안 된다"는 자만심 내지는 독선이다. 물론 유능한 어느 특정인이 교회를 위해 헌금도 많이 하고, 봉사도 눈에 띄게 많이 해주는 것이 나쁘다는 말은 아니다. 다만 그런 분들이 늘 조심할 것이 있는데 바로 "나"란 주체를 지나치게 강조하는 것이다. 그런 분들의 무기가 "자신이 일에서 손을 떼든지, 심하게는 다른 교회로 옮기면 교회가 어려워질 것이라"는 생각이다.

어느 특정인이 교회의 상당한 부분을 감당하다가 떠나게 되면 그분으로 이하여 공백이 생기는 것은 사실이다. 헌금을 많이 한 분이라면 재정에 어려움이 생길 것이고, 봉사를 많이 한 분이라면 봉사에 지장이 생기게 될 것이다. 교육을 잘하거나 찬양을 잘하거나 하던 사람이 떠나면 또 그 부분에서 문제가 생길 터이다. 하지만 거기까지이다. 하나님은 떠난 분과 견줄 만한 똑같은 분은 아니더라도 적어도 떠난 분의 흉내를 낼 만한 분을 어딘가에 준비시키고 있다. 이것이 성경의 가르침이다.

이사야서를 읽노라면, 이사야가 첫 장부터 끝까지 남은 자 사상을 강조하고 있음을 알게 된다. 사람들의 눈에 보기에는 의로운 사람은 다 죽은 것 같고 세상에 악이 가득 찬 것 같지만, 결국 어느 날에는 남아 있는 의로운 자들이 반드시 일어나게 될 것이라는 사상이 근저에 깔려 있다.

우리 집 뒷마당에는 네 그루의 측백나무가 있다. 그 나무들이 성장하면서 서로 간에 너무 가까워져 중간에 있는 한 그루를 베어냈다. 나무의 밑동을 잘랐으니 나무는 죽었을 거라 생각을 했다. 그런데 얼마간 시간이 지나자 베어낸 밑동에서 싹이 나오는 것이었다. 분명 눈에 보기에는 죽은 것 같았는데, 잘라낸 자리 바로 밑에서 싹이 나오는 것이었다. 죽으라고 베어냈지만, 그 생명은 죽지 않고 싹이 나온 것이다. 그 이유는 바로 뿌리가 살았기 때문이다. 이에 대해 이사야는 다음과 같이 말하고 있다.

"그 중에서 십분의 일이 있을지라도 이것도 삼키운 바 될 것이나 밤나무, 상수리나무가 베임을 당하여도 그 그루터기는 남아 있는 것같이 거룩한 씨가 이 땅의 그루터기니라"(사 6:13).

나무는 다 중요하다. 그러나 가장 중요한 부분은 뿌리일 것이다. 뿌리가 부실하면 나무는 오래 가지 못한다. 뿌리가 튼튼하면 비록 나무줄기를 잘라낸다고 해도 언젠가는 다시 싹이 나오게 된다. 이렇게 다시 싹이 나오게 하는 부분을 그루터기라 한다.

대부분의 사람들은 나무의 중심이 되는 줄기나 꽃이나 아니면 열매가 되려고 한다. 누군가의 눈에 띄는 역할에 더 관심이 많다는 것이다. 그러나 성경은 그런 일이 부질없다는 가르침을 준다. 나무의 그루터기가 죽어버리면 무슨 소용이 있느냐는 것이다. 이런 성경의 남은 자의 사상에 비춰본다면, 내가 하는 봉사나 헌신이나 충성은 나 혼자만 할 수 있는 나만의 고유한 전유물이 아니라는 결론에 도달한다. 내가 안하면 하나님은 나 대신에 누군가를 세워서 그 일을 하게 하신다는 말씀이다.

그러니 우리에게 주어진 일이 어떤 일이든, 기회 있을 때 바로 그 일을 하나님이 주신 사명으로 믿고, 감사함과 겸손함으로 수행해 나가야 하나님이 남겨두신 그루터기 같은 성도가 될 것이며, 바로 이런 사람들이 하나님의 역사를 만들어 가는 역사의 그루터기도 되는 것이다.

기능적 교회로서 존재 이유

만일 누군가가 교회의 기능을 한 마디로 정의하라 하면 "정화작용"을 하는 곳이라 하겠다. 과거의 지식과 사고와 경험(좋지 않은 것 포함)을 뒤로하고, 이제 부터는 하나님의 말씀을 근거로 뭔가 달라진 인생을 살 수 있도록 정화를 시키는 곳이다.

정화작용이라는 용어는 주로 물과 관계된 상황 속에서 사용된다. 위에서부터 흘러오는 물이 중간 중간 유입되는 더러운 오물을 자연 스스로의 반응과 작용을 해가며 아래로 내려올 때는 본래 깨끗한 물의 모습으로 변화시키는 것을 말한다. 하지만 그 오물의 양이 스스로 정화할 수 없을 정도에 이를 경우에는 인공적으로 정수장을 만들어 그 정수장을 거쳐 가는 물을 자연에서 걸러지는 수준은 아닐지라도 어느 정도 살아 있는 물로 되살린다.

교회는 예수 그리스도를 구주로 믿는 사람들이 모여서 구원을 체험하고, 체험한 구원의 기쁨을 세상 속에서 실현해 가도록 지도하고 교육함으로 정화를 시키는 정수장 역할을 한다. 이런 작용으로 한 사람 한 사람의 마음이 곧 예수의 마음이 되도록 변화를 시키는 것이다.

그런데 이런 중요한 역할이 있음에도 교회는 종종 불미스런 일을 경험한다. 그 중에 가장 빈번히 일어나는 일은 성도들 간의 불화나 갈등이다. 교회 내에서 어느 특정 성도들 간에 사이가 안 좋아 어려움을 겪는 경우는 우리 한인교회 내에 다반사로 일어나는 흔한 일이다. 이런 경우 교회는 애써 전도해서 양육하고 교육한 보람도 없이 성도를 하루아침에 잃거나, 교회가 더 크게 발전함에 따라 교회의 분열까지도 일어나게 된다.

이런 일들이 불거질 때마다 "그 교회는 무엇을 가르치는지 모르겠다" 하거나 "그게 무슨 교회냐"는 등의 비난을 송두리째 받는다. 기실 교회가 성도들 간의 분란이나 문제를 뒤에서 조장하는 것이 아님에도 불구하고, 그 당사자들이 속한 교회는 사회적인 비난을 피할 방법이 없다. 문제는 갈등이 불거진 해당 교회만 비난의 화살을 맞는 것이 아니라 여타 모든 교회들이 한꺼번에 같은 취급을 당한다는 것이다.

교회를 나오다가 그만두거나 다른 교회로 옮겨가는 성도들을 대상으로 그 원인을 묻는 설문조사 기록을 보니 목회자에 대한 불만이나 목회자의 비도덕성 등 담임목회자에 대한 부분도 상당수 있었지만, 그보다 더 큰 비중을 차지하는 것은 교우들 간의 불편한 관계성이었다. 대형교회로 갈수록 이런 양상은 더욱 뚜렷하게 보이는 것이었다.

교회는 사랑과 용서를 선포한다. 교회의 교육은 상당 부분 예수 그리스도의 구원을 체험한 성도들에게 구원받은 삶의 모습을 세상 속에서 실천하며 살자는 내용이다. 형태는 달라도 결국 그 종국은 하나님의 말씀을 어떻게든 잘 실천하며 살자는 것이다. 그런데 아이러니하게도 교회의 분란의 씨가 초신자보다는 상당 수준의 교육을 받은 연륜 있는 성도들에 의해 불거진다는 점이다. 그러니 교회 교육은 필수지만, 그 교육을 받은 이들이 오히려 싸움의 불씨를 만드는 정화되지 못한 모습을 보인다는 현실의 문제를 놓고 본다면 교회교육의 맹점이 여실히 드러남을 알 수 있다.

성도라 함은 일반 세상 사람들의 도덕적 기준이나 삶의 준거 수준과 다른 무엇을 갖거나 보여야 하는 책임이 있다. 예수께서도 이 방인들 수준의 신앙을 갖고서 만족하는 이들을 질타하셨으니 교회 성도들의 수준은 뭔가 달라야 함은 당연한 일이다. 내가 사랑할 수 있는 사람을 사랑하고, 내가 용서할 수 있는 사람을 용서하는 것은 누구나 할 수 있는 일이기에 그렇다는 예수의 논리시다.

교회에 속한 성도들은 세상의 기준에 근거하여 자신의 행동이 부당하지 않다거나, 적어도 교회 밖의 사람들보다 낫다고 생각하는데 이는 이만저만한 착각이 아니다. 그 수준은 누구나 할 수 있는 정도이며, 예수께서는 그 이상의 것을 요구하구 있기 때문이다.

교회는 여러 사명이 있다. 해외 선교도 좋고, 이웃 봉사도 해야 하고, 건물도 마련해야 하고... 그 중에 교회가 가장 먼저 해야 할 일은 교회 안으로 들어온 성도들을 정화시켜서 이 세상 속으로 들어가 자신들의 정화된 모습을 보임으로 영향력을 끼쳐서 뭔가 다른 모습을 보이며 살도록 하는 것이다. 이런 교회의 사명을 다하는 교회라면 그 규모와 신도 수에 상관없이 진정으로 하나님이 인정하시는 교회, 예수 그리스도가 머리가 되는 교회가 됨이 확실하다.

그러니 교회의 눈을 밖으로만 집중하지 말고 안으로도 돌려 먼저 우리의 정화작용에 충실한 다음 새로워진 모습으로 다른 일을 해나가는 것이 순서가 아닐까?

교회의 역할

한인 타운뿐만 아니라 한국 사람들이 좀 산다는 동네를 가보면 어디든지 눈에 잘 띠는 간판이 두 가지 있다. 하나는 한인 식당이고, 또 하나는 교회간판이다. 나 역시 교회를 담임하여 목회를 하는 입장에 있지만, 어쩌면 그렇게 교회가 많은지 놀랄 때가 한두 번이 아니다. 그렇게 많은 교회가 제대로 운영이 되는지 걱정이 되기도 한다. 교회 수가 많아지는 것은 하등 잘못된 일은 아니다. 교회에 가면 한 마디라도 좋은 말을 듣게 되니 좋은 일이다.

그런데 우후죽순과 같이 너무 많은 교회가 생겨나니 거기에 따른 부작용도 이만저만하지 않은 듯하다. 한인사회에 불거지는 교회와 관련된 문제는 굳이 말하지 않아도 다 알 것이라 생각한다. 예를 들어 교회에 들어와 온갖 봉사에 나서며 사람들의 환심을 사다가 어느 날 이 사람 저 사람에게 돈을 빌려 도주하는 경우는 한인 교회에서 다반사로 일어나는 아픔이다. 평신도뿐만 아니라 목회자에게도 비슷한 문제가 수도 없이 불거진다. 그러니 우리 한인사회 한복판에 서 있는 교회가 과연 필요한 것이냐는 말까지 나올 정도이다.

교회가 교회란 이름으로 이 땅에 존재한 지는 벌써 2,000년의 세월이 흘렀다. 그 긴 세월 가운데 한국에 기독교가 전파된 지는 이제 겨우 100년이 조금 넘었고, 거기에다 한인들이 미국으로 건너와 교회를 세워서 신앙을 지켜온 지도 겨우 백여 년에 불과하다. 긴 세월의 교회 역사에 비춰보면 한인들이 세운 교회의 역사는 아직 성숙하지 못한 어린아이와 같다. 그런 짧은 역사임에도 불구하고 한인교회는 기독교 역사에서도 보기 드문 기적 같은 성장을 일궈 냈다.

여기서 교회의 역할이 무엇인지 우리 스스로 점검할 필요가 있다고 본다. 1910년대와 1970년대의 한국교회의 부흥은 당시의 암울한 시대와 맞물렸다. 위 뒤 시기의 공통점은 인간이 누려야 할 가장 기본이 되는 의식주의 결핍과 표현의 제한이었다. 먹고 살기도 힘든데다 어디에다 대고 자유롭게 표현을 할 수도 없었기에 백성들은 당시 시대적 역할을 감당했던 교회로 모여들어 신앙을 통해 위로를 받았고, 교회를 통해 힘을 결속했다.

일제 강점기의 독립운동이나 군부시절의 민주화 운동은 대부분 교회를 중심으로 펼쳐졌다. 자유를 위한 몸부림뿐만 아니라 눈이 어두운 민족에게 배움의 기회를 만들어 줬던 것도 교회이고, 병들고 가난한 이들을 보듬어 준 것도 교회였다. 한 마디로 교회는 시대적 요청으로 한국 사람들의 심장에 자리를 잡았다.

미국으로 이주를 해온 우리에게 역시 교회는 암울한 역사 속의 등불 역할을 해온 한국교회의 역할을 동일하게 해주었다. 미국 속의 한인교회는 이민 1세대들의 외로움과 그리움을 해소해 주는 역할을 했고, 먹고살기 위해 몸부림치던 우리에게 한 순간이라도 쉼의 자리를 주었다. 하지만 그 역할을 오늘 미국사회 속의 한인교회들이 변함없이 감당하고 있는지는 잘 모르겠다.

꼭 필요한 것이 많은 수를 차지하는 것은 좋은 일이다. 하지만 필요치도 않은 것이 수만 많으면 거추장스런 흉물밖에는 안 된다. 오늘 우리는 한인사회 속에 그렇게 많은 교회들이 한인들에게 어떤 영향력을 끼치고 있는지, 정말 교회들이 한인사회 속에 꼭 필요한 것인지, 돌아보아야 할 것이다.

교회뿐만이 아니다. 목회자를 양성하는 신학교들도 해가 갈수록 늘어가고 있다. 그래서 해마다 수많은 목회자들이 양성되는데, 그런 신학교와 목회자들이 우리 한인사회에 꼭 필요한 것인지 생각해봐야 할 것이다.

교회는 세상 속에 살아가며 당하는 고난과 어려움, 싫으면서도 어쩔 수 없이 타협해야 하는 아픔을 달래주고 감싸주는 역할을 하는 곳이다. 그러니 교회는 기본적으로 용서와 화해를 실천해야 한다. 만일 교회 속에서 나와 너의 뜻이 맞지 않는다 해서 나뉘고, 분열되는 일이 벌어진다면 그런 교회는 이미 교회로서 생명을 잃은 것이나 다름이 없다. 그렇기에 교회는 세상의 모임이나 단체와 분명히 다른 정체성을 갖고 있다. 교회가 많아서 나쁠 리는 없지만, 목회자나 종교기관이나 신학교가 넘쳐난다고 나쁠 리 없지만, 꼭 필요한 교회, 꼭 필요한 종교기관, 꼭 필요한 목회자가 되었으면 좋겠다. 그래서 교회가 흉물이 아니라 언제까지나 이민자들의 심장이 되었으면 좋겠다.

시대에 뒤져가는 미국의 한인교계

신문지상에 심심치 않게 등장하는 뉴스거리 가운데 교회나 교회기관과 관련된 새로운 조직의 창립을 알리는 내용을 나는 유심히 보곤 한다. 대부분 조직을 창립하는 명분은 하나님의 말씀 중심, 선교사역, 지역사회를 위한 모임 뭐 대충 그런 것이다. 새로운 조직을 만들어 뭔가 새로운 바람을 일으켜보자는 것은 더없이 좋은 발상이라는 것은 기본적으로 인정한다.

헌데 이상한 것은 그런 모임이 생길 때마다 몇몇 분들의 이름은 꼭 들어간다는 것이다. 그 많은 조직과 모임에 어떻게 그렇게 다 참여를 할 수 있는지 의문이다. 하긴 그 정도 능력이 있으니 지역사회를 위해, 교계를 위해 그 어느 누구보다 많은 일을 할 것이라는 생각도 들긴 든다.

하지만 새로운 교회단체 관련 조직이 세워지는 것을 보면 이름만 바꿀 뿐이지 그 사람이 그 사람이고, 그 목사님이 그 목사님이다. 아마 한인교계 사회에서 수십 년 동안 지속되는 선교단체나 교회 관련 모임은 그리 흔하지 않을 것이다. 그래서 반짝하며 생겼다가 어느 날 소리도 없이 사라지고, 그러다가 다시 생겨나는 일들이 비일비재하게 벌어지는 이유가 무엇일까 생각해 봤다.

첫째는 교회의 연합 사업과 지역사회를 위해 헌신하고자 하는 남다른 사명감이 있기 때문일 것이라는 생각이 든다. 이런 마음 아니고서야 내 귀중한 시간과 정열과 돈을 들여서 이웃과 지역사회를 위해 일한다고 나설 수는 없을 테니 말이다. 이런 분들의 노고와 희생으로 오늘날 한인사회와 한인교계는 더욱 화합하고, 발전하고 있다고 생각한다. 그런데 이렇게만 말하기도 어딘지 어색하다. 그렇게 이웃을 위해 지역사회를 위해 사심 없이 일하는 분들이 만든 조직이 왜 무너지고, 갈라졌다가 다시 모이는 일들이 반복되느냐는 것이다. 사심이 없다면 조직 안에서 어떤 위치를 차지하건, 어떤 자리에 있건 본래 취지대로만 나간다면 분열이란 말은 있을 수 없는 일일 것인데 말이다.

둘째는 이런저런 할 일이 없다보니 소일거리 삼아 교계와 지역사회를 위해 봉사하는 마음으로 조직을 만들거나 참여한다는 의견도 내세울 수 있다. 소일거리를 삼아 봉사하기 위해 뭔가를 만든다는 것이니 건전하고 바람직한 일이다. 헌데 이 부분도 대답이 궁하기는 마찬가지이다. 만일 순수한 차원의 봉사라면 나를 주장하거나, 나와 의견이 다르다고 조직을 와해시키거나 반기를 드는 일은 없어야 할 것이다. 그런데 대부분의 조직들이 그 조직에 사람들을 끌어들여서 반짝 뭔가를 보이다가 소리도 없이 사라지는 일들이 빈번히 일어나는 현실을 보면 소일거리 삼아 봉사하는 마음으로 참여한다는 말도 어불성설이다. 봉사하는 마음이라면 교계나 지역사회를 위한 단체의 성격이나 이해관계를 따지지 않고 순수하게 봉사하는 마음으로 참여하고, 그러다가 마음에 맞지 않으면 본인만 조용히 떠나면 되는데, 그게 쉬운 일이 아닌가 보다.

지난 한 달 동안 여러 모임에 다녀왔다. 대부분 미국 주류 기독교 사회에서 수십 년 동안 이어온 모임이었다. 모임마다 열심히 한국 사람을 찾아보지만 눈에 잘 띄지 않았다. 예를 들어 매년 3월 첫 주 토요일에는 LA시장을 위한 조찬 기도모임이 있는데, 이 모임을 주도하는 이들은 대부분 LA교계 중심을 이끄는 주류사회의 지도자들이다. 이런 모임에 갈 때마다 한인교계의 목소리가 전혀 반영되지 않고 있다는 것을 실감한다.

이 모임에 참석한 이래로 한인목회자가 기도나 어떤 순서를 맡는 것을 보지 못했다. 더 큰 문제로 지적할 것은 이런 모임에 참여하는 한인목회자나 한인교회 지도자들의 수가 점점 줄어간다는 것이다. 오히려 라틴계의 교회 관계자들의 참여도는 점점 늘어가고 있다. 이런 단적인 현상을 놓고 본다 해도 한인교회 관련의 단체들이 생겼다 사라지고, 또다시 생겨나는 일은 우리끼리 잔치이지, 주류사회와 연대성은 갖지 못하고 있는 것이 현실이며, 이런 현상이 깊어갈수록 우리는 고립되는 양상이 될 것이다.

아닌 말로 우리끼리 자리다툼할 때는 이미 지났다. 이제는 주류사회 속에 우리 한인기독교가 들어가서 이들과 함께 연대적인 활동으로 우리의 목소리를 높이는 일에 관심을 가져야 할 때이다. 우리끼리 조직을 만들어 놓고 수자를 자랑하지만, 그 수가 얼마나 갈지 아무도 장담할 수 없다. 2세, 3세가 한인사회의 주류가 되면 판도는 바뀌게 될 것이 불 보듯 뻔하니까 말이다.

교회 분열은 정당한가?

한인사회에 심심찮게 불거지는 교회 분열의 사태를 보면 이 래서는 안 된다는 공감대가 형성이 된다. 십자가가 세워진 교회라면, 그 교회 속에는 예수 그리스도의 십자가 정신이 실현되어야 하기 때문이다. 그래서 교회의 가장 중심부에 세워진 십자가의 정신은 단 두 마디로 표현된다. 그것은 바로 용서와 화해이다.

어떤 이는 교회의 분열을 두고 좋게 해석을 하기도 한다. 하나의 교회가 두 개로 나뉘니 하나님의 나라가 확장되는 것이 아니냐는 것이다. 하나가 둘이 되었으니 수적으로 증가된 것은 확실하다. 하지만 이런 사람들의 생각에는 교회를 무슨 사업체의 프랜차이즈 정도로밖에 여기지 않는 가벼움이 다분히 감춰져 있다는 것이 문제이다.

더 중요한 것은 분열하는 교회를 바라보는 교회 밖의 시선이다. 교회를 부흥시킨다며 전도한다고 야단법석이고, 이웃을 사랑하느니 뭐니 하다가는 어느 순간에 나와 뜻이 맞지 않는다며 사분오열하는 교회 사람을 두고 과연 세상이 곱게 봐 줄 수 있을까?

어떤 이는 교회가 둘, 셋으로 나뉘는 것은 민주적인 사회 속에서 민주적으로 마음에 맞는 사람끼리 교회를 독립적으로 만들어가는 것이니 그것도 건설적이 아니냐 한다. 어찌 보면 그 말도 일리가 있다. 우선 교회라는 울타리에 들어갈 때 내 마음에 들지 않는 사람이나 내 뜻과 다른 사람과 편하게 얼굴을 마주한다는 것은 쉬운 일이 아니다. 그러니 마음에 평안을 얻으러 가는 시간이 오히려 부담이 된다 하니 그 말도 일리가 있다. 어쨌든 마주하기 싫은 그 사람이 교회를 떠나주면 참 감사한데, 상대방은 그 교회의 지킴이로서 사명을 다하려고 하니 차라리 자신이 떠나는 것이 낫다. 하지만 그동안 같이해 온 사람들과 헤어지기는 싫으니 결국 일단의 무리와 함께 갈라서는 것이 최선이 될 터이다.

하나님의 교회가 성령의 능력이나 하나님의 말씀에 의한 치리가 아니라 기득권이나 독점적 능력이 있는 몇 사람의 의지에 의해 좌지우지된다면 그도 문제가 있으니, 이런 부당함을 피해서 의지가 맞는 이들끼리 독립을 하는 것도 바람직해 보일 듯하다.

하지만 이들의 생각은 얼마 못 가서 벽에 부딪힐 것이다. 하나님의 교회가 본래적 사명을 뒷전에 두고 마음에 맞는 이들끼리 의기투합을 내세워 사분오열한다면, 교회의 분열과 나뉨은 끊이지 않는 숙제가 될 것이 불을 보듯 뻔하다. 결국 그런 곳은 교회가 아닌 사회의 무슨 기관이나 영리와 이권을 위해 분열이 정당화 되는 자그만 사업터 수준이라 해야 옳을 일이다.

교회의 분열을 자그만 사업체에 비유하는 것도 옹색하다. 왜냐하면 식당 하나를 매매하더라도 거기에는 분명 사회적 도덕과 윤리의 잣대에 근거한 법이 존재하기 때문이다. 예를 들어 식당 하나를 매매했다고 하자. 그러면 식당을 판 사업주가 다시 비슷한 업종으로 문을 연다 해도 아무 데나 열 수 없는 것이 사회윤리이며, 상도덕이다. 그는 적어도 자신이 운영했던 사업터에서 얼마간은 거리를 둬야 하는 것인데, 그런 모든 도리를 무시해 버리고 자신이 운영했던 사업터 근처에 다시 같은 업종을 시작한다. 그렇게 되면 법은 그만두고라도 사회윤리를 무시한 처사로 인해 견디기가 어렵게 된다.

이렇듯 영리를 목적으로 운영하는 사업장도 그 나름대로의 상도와 윤리를 유지하는데, 교회가 자신의 뜻과 맞지 않는다 하여 분열과 분쟁이 정당화된다면, 그런 교회는 하나님의 심판이란 거창한 표현은 그만두고라도 이미 교회로서의 생명력을 상실했다고 봐야할 것이다.

교회도 사람이 모이는 곳이기에 문제도 있고, 다툼도 있고, 가슴 아픈 일도 있게 마련이다. 오히려 아무 문제없이 조용한 교회라면 그런 교회가 더 문제일 듯하다. 교회에 문제가 도사리는 가능성은 어느 교회에나 있는데, 그 문제가 불거질 때 어떻게 해결해 갈 것이냐가 관건이다.

마음의 평안과 쉼을 얻으러 왔다가 문제에 휩싸일 경우 머리 아프고 싸우기 싫으니 혼자서 조용히 사라지든지 서운하면 편이라도 만들어 갈라설 것이냐, 아니면 안에서 서로 부대끼며 아파하며 고민하며 해결해 갈 것이냐를 선택해야 한다.

이에 대한 답은 예수님이 명쾌히 주신다. 마태복음 18:15-19의 권고를 보면 내 마음에 안 드는 사람이 있거나 어떤 사람이 문제를 야기할 때 일언지하에 정죄하지 말라 했다. 대신 서로 매듭을 풀도록 노력할 것을 당부하고 있다. 왜냐하면 교회 안에서 또는 성도 간에 묶인 것이 풀리면 하늘에서도 풀리게 되기 때문이라는 것이다. 그래서 혼자서 구하는 것이 아니라 한 마음으로 구하게 되면 바로 그 한 마음으로 구하는 것을 하나님이 주신다 했다. 그러니 어떤 명목으로든 교회 내 분열은 정당화될 수 없는 일이다.

교회의 변화를 요구하는 미국 이민사회

전통적으로 한국교회는 개인 구원에 집중을 해왔다. 개인 구원의 절정판으로 말하는 삼박자 구원은 그 한 양상이었다. 그래서 "영혼이 잘됨같이 범사가 잘되고, 강건하라"는 요한삼서 1:2의 말씀을 수도 없이 인용해 왔다.

초기 미국의 한인교회도 한국교회의 모습과 별로 다르지 않았다. 나는 교회가 개인 구원에 관심을 두는 것이 잘못되었다는 비판을 하고자 하는 의도는 추호도 없다. 교회가 영혼구원의 방주 역할을 해야 함은 당연한 일이다. 그런 역할이 없다면 교회가 교회일 수는 없다. 하지만 교회의 구성원의 성격이 달라지고, 거기에 따른 시대적 요청도 달라지고 있다.

예를 들어 과거 얼마 전까지만 해도 한인교회에 나오는 주된 이유는 다음 세 가지로 요약할 수 있다. 첫째, 교회가 마음의 위로처가 되기 때문이다. 힘들고 어려울 때 어디 가서 하소연 할 수 없는 마음 교회에 와서 부르짖으며 하나님 앞에 설움을 토해 냈다. 그럼으로써 자신들의 가슴에 쌓여가는 아픔을 해소하기도 했다. 둘째, 향수병에 대한 치유 때문이다. 고향을 떠나 타지에 살며 힘들고 어려울 때마다 보고픈 고향산천, 부모형제에 대한 그리움을 달래러 교회를 찾았다. 그래서 교회는 한국의 정서를 느끼고, 외로움을 해소하는 사랑방이 되었다. 셋째, 과거에 이민을 온 1세대는 대부분 넉넉하지 못했다. 정치적으로 외화를 많이 들고 나올 수 없기 때문이기도 했고, 본래 넉넉지 못해서 빈손으로 미국에 건너오기도 했다. 어쨌든 빈손으로 건너와 무엇을 해야 할지 막막한 1세들에게 교회는 정보제공처이고, 직업소개소이기도 했다. 이민 1세들에게 교회는 없어서는 안 될 중요한 삶의 자리 역할을 했다.

그러나 오늘날 1세들이 점점 역할 중심의 자리에서 물러나며 교회 구성원도 변화해 가고 있다. 가장 큰 변화는 이민 온 지 얼마 안 되는 새내기들이다. 이들이 교회를 찾는 목적은 과거 1세들의 양상과는 무척이나 다르다. 이들은 경제력이 있다. 정보 능력도 갖추고 있다. 높은 교육 수준으로 자신들이 해야 할 일에 대한 방향도 이미 잡고 있다. 그래서 대부분 사업터를 미리 준비한 상태에서 집도 구입을 해놓고 들어온다. 인터넷을 통해서 혹은 이미 미국에 살고 있는 지인이나 가족들과의 교분으로 많은 정보를 갖고 들어온다. 그러니 더 이상 과거 1세들에게 필요로 한 교회의 양상이 나중에 들어온 이민 새내기들에게 같은 모습으로 다가갈 수는 없는 것이다. 더구나 1.5세와 2세들이 요구하는 한인교회의 모습도 더 이상 영혼의 안식처나 향수를 달래는 장소나 정보제공처로서 역할이 맞지 않다.

이렇게 달라져 가는 현실에서 교회는 변화를 해야 하는 시대적 요청에 직면해 있다. 이제는 개인구원에 집중하는 방주 역할뿐만 아니라 사회가 요구하는, 사회의 필요성에 대답할 수 있는 교회로 탈바꿈을 할 때가 된 것이다.

예를 들어 A라는 교회가 성도 수가 많아지고, 교회 재정이 넉넉해져서 좀더 넓은 장소를 찾아 타운에서 외지로 이사를 나간다 해보자. 그런 경우 과연 지역사회가 A교회의 역할과 필요성이 지역사회에 절실함을 내세워 이전을 반대하는지 의문이다.

최근에 교회들이 타운을 떠나 이전을 할 경우 지역사회에 있는 주민들이 그 교회의 이전을 결사반대하는 서명을 했다거나, 이전반대 운동을 전개했다는 말을 들어본 적이 없다. 대부분 이전을 하는 일에 소속 교인들이나 관심을 갖지 지역사회 사람들은 별반 관심을 갖지 않는다는 것이 솔직한 현실이다.

교인 수를 늘리고, 교회를 확장하는 일에는 일가견이 있지만, 지역사회와 시대적 상황에 대해서는 반응하거나 대처할 능력도, 의지도, 관심도 없었다. 제자훈련이니, 전도 폭발이니, 기도회니 하는 활동들은 많은데, 지역사회를 위한 봉사활동이나 자원봉사활동은 무슨 사명감이 있는 특별한 사람들의 전유물로 생각을 해온 듯하다.

또 간혹 교회에서 지역사회를 위한 봉사활동을 한다 해도 생색내기나 행사를 위한 봉사활동이다 보니 일회성에 불과하다. 신문에 대문짝만하게 나오기는 하는데 그 다음에 결과가 어떤지는 아무도 모른다.

이제 한인교회는 시대적 요청에 귀를 기울일 때가 되었다. 우리끼리만 즐기고 기뻐하는 교회, 교회 안에 있는 이들이 구원의 방주에 들어와 있다는 안도감 내지는 천국의 확신 속에만 안주하는 모습으로부터 탈바꿈할 필요가 있는 시기라는 말이다.

민족에게 희망을 주는 교회 모습

오랜만에 일찌감치 집에 들어와 감동스런 NBA 농구 게임을 봤다. 지역간 준결승 중의 하나인 달라스와 스퍼스의 게임이었다. 결과는 예상을 뒤엎고 달라스가 이겼다. 그것도 홈구장이 아닌 곳에서 박빙의 게임을 하다가 연장전에 가서 이긴 것이다. 경기가 끝난 후 나는 선수들과 관중들의 태도를 주시했다. 홈팀이 아깝게 졌으니 물병이 날아오든지, 아니면 적어도 야유는 나올 것이라 생각했지만, 그런 사태는 전혀 나타나지 않았다. 양편의 선수들은 서로 감싸 안으며 축하와 위로를 나눴다.

이들의 경기를 바라보며 부러운 마음을 금할 길 없었다. 경기에서는 최선을 다하되, 경기가 끝난 후에는 깨끗하게 결과에 승복하고, 이긴 상대방을 축하해 주고 진 팀을 위로하는 경기는 승부를 떠나 진정한 인간미가 나오는 축제인 것이다.

일개 농구 게임을 한 나라의 정치에 비교하는 것이 무리가 있긴 하지만, 나는 이런 인간미가 넘치는 축제 같은 게임이 한국 정치판에 형성이 된다면 얼마나 좋을까 하는 생각을 해 봤다.

해방 후 현대사로 넘어온 한국의 정국은 언제나 긴장 상태에 있었다. 특히나 군부정권 시절 이후 한반도에는 언제나 가해자와 피해자가 나뉘어 있었다. 같은 민족이면서도 한편에는 힘에 억눌려 숨 한 번 제대로 못 쉬고 살아야 했던 민중이 있었고, 반대편에는 그 민중을 누르고 한 세대를 풍미한 이들이 있었다.

상당수는 아직도 군부정권 시절의 어두웠던 기억을 떠올리며 몸서리치고 있을 것이고, 반대로 과거 기득권을 등에 업고 온갖 이권을 챙겨온 이들은 그 때의 번영을 그리워하며 숨을 고르고 있을 것이라 생각한다.

그러나 시간은 물 흐르듯이 지나가고 있다. 과거는 과거일 뿐이다. 물론 과거를 제대로 청산하지 못한 면이 있어서 오는 부작용도 인정한다. 하지만 과거에 벌어진 아픔이나 영광이 오늘 다시 반복될 수는 없다. 세계 역사의 대세에 따르지 못하고, 아직도 과거의 망령에 눌려 흑과 백을 따지고, 내 편에 서 있지 않으면 무조건 적이라는 논리 속에 그대로 묻어 살려는 우리의 현실을 보면 한국의 미래는 불투명하다.

요즘 한국에서 미국으로 유학을 떠나오는 학생들의 수가 하루에도 수십 명씩 된다고 한다. 미국에서 유학생활을 하고 있는 외국 학생 가운데 한국 학생이 첫 번째 아니면 두 번째로 많은 수를 차지하고 있다. 대부분의 학생들이 공부를 마치면 한국으로 돌아가 배운 지식을 한국의 발전을 위해 쓰리라 각오하기보다는 가능하면 미국에서 자리를 잡고 싶어 한다.

기성세대가 서로의 목소리를 내세우고, 타협과 대화가 아닌 비정

상적인 방법이나 물리적인 힘으로 상대방을 제압하려 하고, 졌어도 졌다 인정하지 않고, 이긴 다음에는 승자로서 권리와 이권을 챙기기에 바쁜 한국 정치의 현실에서 다음 세대에게 줄 비전이 있기나 한지 염려스럽다.

이런 때에 한국교회의 현 주소를 돌아본다. 한국에 있는 교회와 교인들의 수를 따지면 세계 그 어느 나라에도 뒤지지 않는다. 전 세계에 선교사를 가장 많이 파송하는 나라가 한국이다. 세계에서 가장 큰 10대 교회 중에 한국의 교회가 몇 개나 들어 있다. 정치인도, 경제인도, 학자들도 교회로 몰리고 있다. 그런데도 한국의 사회는 변화되지 않고 있다.

예수님은 밀가루에 극소량의 누룩이 들어가면, 가루의 양의 불어나게 되는 비유를 통해 우리 성도들의 사명을 알려주고 있다. 겨자씨 하나가 땅에 떨어지면 새가 깃들이는 큰 나무를 만들어 낸다는 비유를 통해도 우리에게 겨자씨만한 믿음이라도 있기를 바라셨다.

그런데 한국의 교회는 반목과 질시와 갈등으로 치닫는 한국 민족에게 예수 그리스도의 말씀으로 치유하고, 감싸 안아서 새로운 민족으로 탈바꿈시켜야 하는 사명을 제대로 감당하지 못하고 있음을 인정해야 할 것이다.

교육도, 정치도 민족에게 미래의 비전을 주지 못하는 이때에 교회가 바로 교회로서의 사명을 감당할 수 있도록 거듭나야 할 것이다. 교회가 교단과 파벌로 나뉘어 내 것 챙기기에만 급급한 모습에서 탈피하여 서로간의 공존의 길을 모색할 때 비로소 민족에게 희망을 주는 교회가 될 것이다.

오늘 수많은 젊은이들이 경제의 불투명함과 정치의 배타성과 교육의 낙후함에 실망을 느껴 한국을 떠나는 마당에 교회가 편협함과 지역주의를 탈피하여 화합과 상생의 모습을 보여준다면, 한국의 교회는 민족을 위한 교회, 장래를 위한 교회, 다음 세대를 위한 교회로 한국인들의 심장에 새겨질 것이다.

미래 지향적 선교를 위한 제안(1)

요즘 한국에 있는 교회나 미국의 한인교회마다 선교사를 파송하거나 선교지에 지원을 하지 않는 교회가 거의 없는 것 같다. 경쟁이나 하듯 서로 앞을 다퉈 선교사를 파송하고, 선교지를 개척하고 있다. 예수님의 마지막 지상명령인 복음전도의 사명을 수행하는 대단한 일이다. 우리가 받았던 복음의 빚을 갚는 뜻 깊은 일이 아닐 수 없다. 통계를 보니 선교사를 파송하는 나라 중에서 수적으로 한국 선교사의 수가 가장 많다고 할 정도로 이제는 한국인 선교사의 세계 진출이 두드러지고 있다.

나도 6년간 선교사로 사역을 했다. 6년의 기간을 돌아보면 하나님의 은혜를 체험한 일도 많았지만, 한편으로는 아쉬움도 많다. 어려서부터 보아온 서양인 선교사들과 비교해 봤을 때, 내가 감당했던 사역지에서의 활동의 폭이나 선교 활동이 제한적이었기 때문이다.

이제 한인교회들이 선교를 하는 문제에 대해 돌아볼 시기가 되었다고 생각한다. 열정이 있는 사람을 앞세워 선교헌금을 보내면 된다는 것은 극히 걸음마 단계의 선교이다. 사람의 영혼을 구하는 선교의 사명을 위해서는 좀더 체계적인 전략과 교육과 연구가 필요하다.

우리가 생각하는 선교의 모순의 한 예를 들어보겠다. 최근에 만난 어느 성도 한 분은 남미로 단기선교를 떠난다며 상당히 흥분된 모습으로 자랑을 했다. 단기선교라면 며칠이나 가냐 했더니 일주일 기간이라는 것이다. 가서 뭘 하냐고 물었더니 옷도 나눠주고, 집도 고쳐주고, 찬양의 밤도 하고, 의료봉사도 한다는 것이다. 자랑스러워하는 그분에게 실망하는 말을 주기 싫어서 잘하고 돌아오라고 격려를 하고 헤어졌다.

여기서 선교에 대한 관념이나 의미를 짚고 넘어갈 필요가 있다고 생각한다. 선교는 좀 잘사는 나라의 사람이 못사는 나라에 가서 적선이나 하며, 누구를 도와줬다고 혼자서 위안을 받는 것이 아니다. 선교는 사람의 영혼을 구원하는 일이며, 한 민족에게 예수님의 복음을 나누어주는 일이다. 이런 중요한 일을 하면서 일주일 안에 뭔가를 할 수 있다는 발상을 어떻게 할 수 있는지 궁금하다.

그동안 한인 선교사들이 어려운 오지나 복음의 불모지에 나가서 목숨을 걸고 복음을 전해 온 일을 간과할 수는 없다. 이들의 희생의 수고가 오늘날 전 세계에 복음이 전파되는 역할을 한 것은 분명하다. 하지만 세상이 바뀌고, 문화가 달라지는데도 한인교회나 선교단체는 아직도 구식의 방식으로 선교를 감행하고 있다. 이제는 개인적으로 돌파해 가는 공격적 선교 형태를 탈피할 때가 되었다. 내가 감당했던 선교의 시간을 돌아보며 더욱 효과적인 선교를 위해 다음 몇 가지를 제시해 보고자 한다.

첫째, 구령의 열정이 있는 사람을 선발해서 선교지로 보내는 것도 중요하지만, 구령의 열정에다 선교지에 가서 보람 있게 선교에 임할 수 있는 자질 있는 선교사를 양육하는 것이 필요하다. 서양 선교사들이 한국에 올 때 두 가지 양상을 띠었다. 의료선교사 아니면 교육에 헌신하는 선교사였다. 이들은 의료와 교육을 통해서 한국의 근대화에 대단한 공헌을 했다. 그런데 전체 한인 선교사 가운데 의료인은 겨우 2%에 불과하다. 후진국이나 오지에 들어가 교육을 담당할 만한 인재도 많지 않다. 그러면 우리는 무엇으로 선교를 하겠다는 것인지 모르겠다. 지금은 앞을 다퉈 보내는 데 힘쓸 때가 아니라 선교사를 양육해야 할 때이다. 그래야 장기적으로 더욱 효과적인 선교사역을 감당할 수 있다.

내가 선교지에 있을 때, 그곳에서 20년을 사역한 선교사 한 분이 선교지를 떠나는 날 같이 식사를 할 기회가 있었다. 그분은 자신의 20년 선교사 생활을 돌이키며 많은 후회를 했다. 20년간 고생한 것을 말하려면 이루 헤아릴 수 없고, 후원금과 선교헌금으로 가져온 돈도 엄청나다고 했다. 그러나 막상 선교를 마치고 돌아가려고 하니 남은 것이 없다 했다. 이유는 준비가 안 된 상태에서 열정만 갖고 선교지로 가보니 20년의 세월 동안 시간만 보내고, 엄청난 헌금을 허비하고, 고생은 고생대로 한 것뿐이란다. 이런 모순을 아직도 반복하고 있는 것이 대부분 선교지의 현실이다.

그러니 선교에 대한 사명감을 가진 성도나 목회자가 있거든 우선 보내놓고 보자는 것이 아니라, 보내기 전에 충분한 교육과 훈련을 통해서 선교지에 가서 적절한 선교사역을 할 수 있도록 해야 한다.

미래 지향적 선교를 위한 제안(2)

다른 일도 그렇지만, 선교에서 가장 중요한 핵심은 선교사의 자질이다. 선교는 신앙적 열정과 오지에 가서도 복음을 전하겠다는 각오만 있으면 된다는 생각은 무지 그 자체이다. 어떤 모양으로든 선교 현장에 투입되어 효과적으로 현지인들을 선교할 수 있는 자질을 갖춘 선교사를 양성하는 일이 가장 시급한 과제이다.

그 다음으로 중요한 과제는 선교의 채널을 하나로 만드는 것이다. 일명 네트워크 선교라 해도 좋다. 어느 선교지에 가보면 한 마을에 한인 선교사가 세운 교회가 몇 개씩 있는 곳이 있다. 그것도 바로 길 건너에 서로 마주보고 세워진 경우도 있다. 어느 특정 선교 현장에 꼭 필요해서 여러 교회를 세웠겠지만, 현지인들이 보는 관점에서는 납득이 안 가는 일이다. 한국에서야 교단을 따지고 파를 따진다 해도, 선교를 위해서는 서로 협력하여 지역을 안배해 가며 선교사를 파송하고, 교회나 시설을 마련해 간다면 보다 효과적인 선교가 될 것이다.

선교사 시절 때 의료선교를 위해 의사 몇 분과 함께 도시에서 5시간 이상 떨어진 산골마을에 간 적이 있다. 갈 때는 몰랐는데, 그 동네에 가보니 한국인 선교사에 대한 소문이 좋지 않았다. 이유를 물으니 정부에서 정책적으로 산골 마을을 개발하는 과정에서 이주민들이 지낼 수 있는 대형 마을을 만들었는데, 그 과정에서 한인 선교사들이 교회를 짓기 위해 서로 좋은 자리를 잡으려고 경쟁하다가 불미스런 일들이 많이 벌어졌다는 것이다. 결국 그 한 동네에 한인 선교사가 담임하는 교회가 네 개가 세워졌는데, 다 한눈에 볼 수 있는 위치에 서 있었다.

교회를 많이 세워서 나쁠 일은 없지만, 동네에 구멍가게 하나를 세워도 상도라는 것이 있는데, 하나님의 말씀을 나누는 교회가 상대방을 배려하는 도리를 무시한다면, 그게 무슨 선교라고 할 수 있을까? 이런 폐단을 막기 위해서는 독자적으로 나가는 선교보다는 선교지를 묶어서 서로 정보를 교류하며 어느 특정 지역에 몰리는 것보다는 지역 안배를 해가며 선교를 하는 것이 더 효과적이라고 본다.

비단 교회를 세우는 것뿐만이 아니다. 선교지마다 현지 목회자를 양산한다는 좋은 취지에서 신학교를 세우는 교회와 교단들이 늘고 있다. 뜻은 좋은데 그 방법에 문제가 있다. 선교지에 신학교라고 세운 곳을 돌아보면 한심하기 이를 데 없다. 그런 조잡한 시설과 장소에서 어떻게 좋은 교수진을 갖추고, 실력 있는 목회자를 만들어 낼 수 있을지 의문인 신학교가 한두 곳이 아니다.

신학교뿐만 아니라 병원이나 사회시설도 거의 비슷한 실정이다. 선교를 위해 세운 병원이라고 가보면 보통 현지인들이 사는 집을 조금 더 좋게 개조한 수준을 벗어나지 못하고 있다. 그런 시설에서 어떻게 병자를 돌보며 선교를 하는지 알 수 없다.

　미국인 선교사들이 한국에 들어와 세운 학교를 들어보자. 수도권에 있는 대학만 봐도 연세대학교, 명지대학교, 이화여자대학교, 숭실대학교, 한신대학교 등등 수많은 명문 대학들이 선교사들에 의해 세워졌다. 엄청난 규모의 대형 병원들이 선교사들에 의해 세워져 한국인들의 건강한 생활을 이끌어 왔다. 이런 과거의 한국 내 외국 선교사들의 정책을 본다면 우리의 선교는 뒷걸음질치고 있는 것이 현실이다.

　이런 낙후한 시설로 학원선교나 의료선교, 복지선교를 하는 현실적 문제의 가장 큰 원인은 재정지원이 열악하기 때문이다. 그럴 수밖에 없는 것이 어느 특정 교회나 군소교단에서 선교사를 파송할 때는 그런대로 형편이 좋아서 시설도 세우고, 학교도 세우고, 교회도 세웠다. 하지만 그 형편이 늘 좋으리라는 법은 없다. 또 어느 한 곳에만 선교를 위해 계속 투자하는 것도 쉬운 일이 아니다. 그러다 보니 자연히 지원이 줄게 되고, 그러다 보니 원래 계획한 선교사업이 수정이 되고, 축소가 되어 겨우 명맥만 유지하는 경우가 태반이다. 그나마 명맥이라도 유지하는 선교지는 형편이 나은 편이다. 시설만 만들어 놓고 유지가 안 되어서 현지인들의 보금자리가 되거나, 더 나빠지면 가축의 우리가 되어버린다.

　이런 폐단을 막기 위해서는 선교의 네트워크를 마련하여 정보 교환뿐만 아니라 선교를 위한 사업을 공동으로 추진하는 일이 절대적으로 필요하다. 그러면 재정적인 부담도 서로 덜게 될 뿐만 아니라 더 효과적이고 질 좋은 선교시설을 마련할 수 있게 될 것임에 틀림없다.

미래 지향적 선교를 위한 제안(3)

앞서 우리는 선교를 위해서는 무작정 믿음만으로 선교사를 파송할 것이 아니라 현지에 적응하여 제대로 일할 수 있도록 선교사를 양육하는 일이 가장 중요한 일이고, 다음으로 중요한 것은 선교사 파송을 각 교단별로 교회별로 무분별하게 하지 말고 하나의 채널을 만들어서 선교지를 조절해 가는 것이 효과적이라고 했다.

다음으로 우리가 선교사를 파송하거나 선교사가 선교지에 갈 때 명심할 일은 미개인을 교화한다거나 선진 문물을 전해 준다는 마음을 갖지 말아야 한다는 것이다. 물론 우리 선교사가 가는 곳이 선진국보다는 후진국일 경우가 많다. 어느 선교지는 우리나라 60년대 정도의 경제 수준을 갖고 있는 곳도 있다. 또 그보다 더 열악한 환경에 사는 원주민들 속으로 가야 할 때도 있다. 그때 우리가 조심할 일은 선교의 대상자들이 못산다고 해서 무식하다거나 불쌍하다고 생각해서는 안 된다는 것이다.

우리가 선교사를 보내거나 선교사로 파송이 되는 목적은 못살고 가난한 사람들을 교화해서 잘사는 나라로 만드는 새마을 운동이 아니라, 복음을 전하는 일이어야 한다. 우리가 조금 잘사는 형편에서 바라보면 못살고 가난에 찌든 종족들이 불쌍해 보일 수 있다. 그렇게 불쌍해 보이고, 안 돼 보이는 것은 우리 눈과 우리 생각일 뿐이지 당사자들은 아니라는 것이다. 그러니 선교사가 들어가서 만나는 현지인들을 우리의 경제적인 수준이나 환경에 견주어 좋다 나쁘다 평가를 하는 것은 금물이다.

헌데 한국인 선교사가 들어가는 곳에 가보면 문제가 불거지는 원인 가운데 하나가 현지인들이나 원주민들을 불쌍하게 여긴 한국인들이 뭔가를 날라다 주는 데서 생긴다. 한 예로 단기선교로 동남아의 어느 후진국에 간 팀이 공항의 세관에서 걸렸다. 이유는 단기선교 팀을 통해 본 교회 교인들이 자기 교회에서 지원하는 선교지에 보낸다며 바리바리 싸준 물건이 너무 많다 보니 세관에서 걸린 것이다. 어렵사리 세관을 통과해서 현지에 도착해 보니 현지인들이 구름떼같이 몰려들었다. 단기선교를 온 교인들은 너무나 흥분이 되어 가져온 물건을 아낌없이 나눠주었다. 그리고 성령 충만한 예배도 드리고, 손짓 발짓 해가며 성경과 전도 책자를 나눠주고는 풍성한 은혜 속에 돌아갔다.

하지만 단기선교팀이 떠나고 나서 다음 주에 보면 그렇게 몰려든 구름떼 같은 사람들은 온데간데없다. 그들은 단지 누가 오기만 하면 뭔가를 나눠주니까 그것 받으러 오는 것이다. 원래는 안 그러던 주민들이 선교사의 선심공세에 물이 들다 보니 선교팀이나 무슨 집회하러 온다 하면 모여서 들어주는 대가로 뭔가를 받아가는 것이

으레 하는 일상이 되어버린 것이다.

더 나아가서 이제는 집회에 참석하는 대신 뭘 줄 것이냐는 흥정까지 하고 나오니, 현지에서 선교하는 분의 입장에서는 자신의 성과를 내세워야 하니까 누가 온다면 집회에 동원하는 주민들에게 뭔가를 제공해야 하는 부조리를 스스로 만들어 버린다. 그러다 보니 선교지에 나간 선교사는 주민들에게 복음을 전하는 일은 뒷전이 되고, 손님 치르고, 인원 동원하는 일이 주 업무가 되어버린다. 게다가 그런 선교사의 본 모습을 알아챈 원주민들도 이제는 복음이니 뭐니 하는 것보다는 선교사를 통해 타협하여 뭔가를 얻을 수 있는 방법을 배우게 된다.

그러다가 선교사의 형편이 조금 넉넉해지면, 원주민 가운데 말 잘 듣는 이를 대리인으로 세워 교회를 돌보게 하고, 본인은 가족과 함께 오지에서 벗어나 도회지에 정착을 하고서는, 여러 오지에 교회를 개척해 놓고 한두 번씩 순찰을 해가며 관리인의 위치로 자격을 상승시키는 일들이(모든 경우는 아니지만) 비일비재하다.

선교는 선교지에 동화가 되어야 한다. 못살면 못사는 대로, 어려우면 어려운 대로 거기에 적응해서 그 모습 그대로 두고 복음을 전해 가야지, 내가 선진국에서 왔으니 내 지식과 배움이 앞서 있다 해서 교화하려고 하거나 도움을 주려는 입장으로 선교를 한다면 백이면 백 실패하는 것이다. 예수님이 복음을 전하러 떠나는 제자들에게 두벌 옷이나 지팡이나 전대 주머니를 갖고 가지 말라고 당부하신 이유가 거기에 있다.

죽은 성도의 사회(1)

오래 전 "죽은 시인의 사회"란 영화를 보며 눈물을 감춘 적이 있었다. 통상적인 테두리에서 일탈을 시도하는 선생과 그의 가르침을 따르는 학생들, 그리고 그 일탈을 용납하지 않으려는 전통적 권위와의 갈등을 그린 영화였다. 결국 전통의 힘에 눌려 일탈을 시도하려던 선생은 쫓겨나고 만다. 그러나 마지막 순간 그가 짐을 정리해 나갈 때, 책상 위로 올라간 학생들이 떠나가는 선생을 향해 "캡틴"이라고 부르는 장면에 나는 벅찬 일탈을 느꼈다.

비록 전통의 권위에는 밀렸지만 다음 세대에게 새로운 시도를 가르쳐 준 것만 해도 그로서는 이미 역할을 다한 셈이다. 나는 그 영화를 보며 영화가 주는 메시지와 더불어 시나리오 속의 주인공에 대한 부러움에 몸을 떨었다. 교과서에 나오는 시의 교본을 찢고, 세상 밖에 나가 몸으로 느끼는 시를 가르친 그가 너무도 부러웠다.

대학원에서 영어교육학을 전공할 때였다. 대학원 과정의 마지막 수업으로 "문학 교수"란 과목을 수강했다. 본래 문학에 문외한인

사람이 문학을 영어교육에 접목한다는 시도가 좋아 보이기는 하지만 막상 수업을 듣다 보니 여간 어려운 것이 아니었다. 그럭저럭 한 학기를 마무리할 즈음에 교수가 마지막 프로젝트를 줬다. 주어진 시에 대한 평가를 해야 하는데 반드시 교수가 제시한 한 평론가의 "시의 기준"의 원리를 토대로 해야 한다는 것이다.

나는 그의 논리가 전혀 수긍이 되지 않았다. 문학은 인간의 감정을 표현하는 것이기에 어느 한 사람의 정의가 절대화되어서는 안 된다는 생각이 들어서였다. 더구나 "시란 무엇인가"를 정의한 평론가나 문학가의 정의가 수도 없이 많은데, 그 중에 단 한 사람의 정의만을 적용하라는 것이 납득이 안 되었다. 아마 교수께서 그분을 개인적으로 존경하고 있거나 아니면 그분의 정의가 가장 마음에 들어서 오직 한 사람만의 사상을 용인하고 있는지는 모르겠다.

어쨌든 교수께 나의 생각을 제시하자 그분은 노발대발했다. 심하게는 하기 싫으면 다음 학기에 다른 교수에게 다시 수강하라는 것이었다. 나 역시 어느 정도는 옳다고 판단되는 일에 대한 고집을 갖고 있었기에 쉽게 물러설 수 없었다. 그래서 한 사람이 아닌 여러 사람의 시론을 인용해 과제물을 만들어 제출했다.

며칠 후 교수로부터 언제 사무실로 오라는 전갈이 왔다. 시간에 맞춰 가보니 얼굴이 창백하게 변한 그분은 내가 제출한 과제물을 아무 말 없이 도로 건넸다. 받아줄 수 없다는 의미였다. 나는 한 교수에 대한 실망감이라기보다는 어쩔 수 없는 테두리 속에 갇혀 살아야 하는 현실에 대한 장벽에 아찔한 현기증을 느꼈다.

그 프로젝트의 비중이 전체 성적에서 30%나 차지했기에 그것을 포기할 경우 그 과목을 이수할 수 없었다. 대학원의 마지막 과목인지라 나는 결국 현실의 벽과 타협을 해야만 했다. 일탈을 시도한다는 것은 늘 어려움이 뒤따르는 모양이다.

실력을 위해서가 아니라 단지 학위를 위해 나는 나중에 다시 프로젝트를 수정해서 제출했다. 이처럼 나는 교수께 두 손, 두 발 다 들고 패스를 호소한 경험이 있다.

사람들은 다 자기 나름대로의 판단 기준을 가진다. 그리고 그 판단에 위배될 때는 여지없이 난도질한다. 자신의 행동이 옳은지 그른지에 대한 비판은 차후의 일인 듯하다. 거기에다 어느 지위를 가질라치면 더욱 그 권세가 기고만장하다. 이런 사람에게 일탈이란 말은 색깔이 이상한 사람으로밖에 받아들여지지 않는다. 정작 본인이 더 이상하면서 말이다.

나는 목회를 하는 동안 끊임없이 교회의 모형을 생각해 왔다. 왜냐하면 성경은 교회의 모습을 유형의 교회, 즉 건물뿐만이 아니라 무형의 교회를 강조하고 있기 때문이다. 성도들이 모여 하나님을 찬양하는 교회도 교회지만 무형의 교회, 즉 움직이는 교회를 성경은 강조한다. 특히 바울 서신에서 사도 바울은 무형의 교회를 강조한다.

예수 그리스도께서 우리 교회의 머리가 되신다는 말은 건물 자체의 머리가 되신다는 말이다. 교회의 머리 되신 예수 그리스도를 중심으로 교회의 질서가 세워져야 한다는 말이다. 그래서 교회는 일찍부터 틀을 세우고, 조직을 갖춰왔다. 그러나 성경은 외형으로 보이는 교회를 교회의 전부로 보고 있지 않다.

죽은 성도의 사회(2)

교회라면 응당 고정된 건물을 가리킨다. 이 건물에서 성도들이 모여 예배를 드리고, 친교를 나누고, 교육이 이뤄지고, 봉사를 하는 것이다. 이런 행위가 이뤄지는 곳을 우리는 교회라고 표현한다.

한편 성경은 이런 건물로서의 교회뿐만 아니라 무형의 교회도 강조한다. 더 정확히 말한다면 고정된 건물이 아닌 움직이는 유동적인 교회를 강조한다. 반드시 건물이 있어야만 교회의 기능이 수행된다는 것이 아니라는 말이다. 이 유동적인 무형의 교회를 강조한 것이 바울이다. 그가 주장하는 가장 대표적인 성경구절이 신약성경에 나온다.

"너희 몸은 너희가 하나님께로부터 받은 바 너의 가운데 계신 성령의 전인 줄을 알지 못하느냐"(고전 6:19).

우리 몸이 성령의 전이라(Your body is a temple of the Holy Spirit)는 말은 교회를 나가는 성도 각자의 몸이 하나님의 임재가 이뤄지는 움직이는 교회 그 자체라는 말이다. 즉 성도가 사는 곳은 어디든지 성도 자체로서 또 하나의 교회를 형성하고 있다는 말이다.

교회가 교회로서 존재하는 조건 중 또 하나는 성례전 행위다. 성만찬과 세례가 이뤄지는 곳이 교회라는 뜻이다. 이 성례전이 없는 교회는 교회로서의 조건을 상당 부분 상실했다. 그러나 성경에서 언급하는 성례전 역시 고정된 교회를 중심으로 이뤄지는 가시적인 것일 뿐만 아니라 눈에 보이지 않는 성령의 세례를 병행해서 강조하고 있는 것이다.

그러나 이런 성경의 근본 의도가 교회의 조직이 체계화되고, 교회 내에 직제가 이뤄지고, 교회 전통이 성립되면서 점점 성경의 근본 의도가 변색되어 가고 있다. 성경은 고정된 교회뿐만 아니라 성령의 몸으로서의 유동적인 교회도 병행해서 강조한다. 성경은 교회 내에서 이뤄지는 성례전도 가르치고 있지만, 더 나아가 성령의 세례 즉 성도 각자가 생활 속에서 몸으로 체험하는 성례전도 강조한다.

하지만 오늘날 교회는 전통에 근거한 교리나 의식을 더 중요시한다. 예배 행위나 성례전의 틀을 만들어 놓고 거기서 벗어나는 일, 즉 일탈은 결코 용납하지 못한다. 그래야 교회의 권위가 서고, 각 교단의 권위가 흔들리지 않기 때문이라고 한다.

물론 교회가 전통을 무시할 수는 없다. 본래 초대교회도 구약의 제사 행위에서 많은 영향을 받은 것이 사실이다. 그러나 교회의 전통이 성경의 권위나 가르침을 뛰어넘는다는 것은 문제가 있다는 것이다. 아무리 전통이 오래되었다고 해도, 그 전통은 어디까지나 성경의 가르침을 오류 없이 실행하자는 것이 그 근본 목적이지, 성경의 가르침 자체를 무시하려는 것이 결코 아니다.

그러므로 교회를 말할 때, 건물로서의 교회를 강조할 뿐만 아니라 성도 각자가 형성하는 움직이는 교회, 즉 무형의 교회를 동시에 가르쳐야 한다. 그래야 성경의 가르침에 위배되지 않는다.

건물로서의 교회는 앞서 말한 대로 예배, 교육, 친교, 봉사가 이뤄지는 곳이다. 이곳에서 성도들은 하나님 앞에서와 세상 속에서 어떻게 살아야 하는지 알게 된다. 그리고 그 앎을 가지고 세상 속으로 나가 무형의 교회로서 몸으로 실천하며 산다. 이것이 건물로서의 교회와 한 개체로서 무형의 교회의 연계성이다. 이 연계성이 없이 모든 교회 활동이 교회 자체 내에서만 끝난다면 당연히 그것은 불완전한 교회라고 봐야 한다.

나는 그동안 목회를 하며 전통에 위배되지 않는 한에서 일탈을 시도해 왔다. 아니 전통의 위배라기보다는 성경에 근거해서 시도해 왔다고 해야 정확한 표현인 것 같다. 헌금, 기도, 제직 임명, 예배, 등등… 사실 이러한 시도는 이미 현실에 식상해 있는 교인들, 이미 교회가 무엇이라는 정의를 가슴 속에 새기고 있는 사람들에게 무의미할지도 모른다. 그러나 적어도 기독교 신앙의 진리가 감춰지지 않고 사실 그대로 밝혀지기를 바라는 마음에서 나는 이런 목회 방식을 고수해 왔다.

사실 이런 내 목회 철학은 초대교회를 연구하며 깨달은 것이었다. 올바른 교회의 모형을 찾기 위해 성경을 연구하던 가운데 오늘날 교회와 성도가 닮아야 할 모습을 찾은 것이다. 기독교 신앙의 모형은 다분히 성경에서 보여주는 초대교회의 모습을 닮아야 한다. 만일 성경의 교회를 무시하고 각자 교단에서 만든 교리나 전통을 앞세운다면, 그 자체로 이미 현대 교회는 본래 모습을 상실한 죽은 교회이며, 죽은 성도의 사회를 형성할 뿐이다.

죽은 성도의 사회(3)

최근 들어 우리 교회에 유별난 현상이 생기기 시작했다. 다름 아닌 아이를 출산하거나 머지않아 아이의 출산을 기다리는 산모가 늘었다는 것이다. 그 덕분에 새 생명 탄생의 기쁨을 나는 자주 체험하고 있다.

아이의 탄생을 볼 때마다 나는 늘 새로운 생명을 주시는 전능자의 오묘하신 손길을 느끼곤 한다. 처음 산모의 배에서 세상 밖으로 나온 아이는 한 마디로 자신의 능력으로는 아무것도 할 수 없는 무능력자다. 그럼에도 불구하고 앞으로 살 일에 대한 걱정이나, 자신을 돌봐줄 부모 또는 주위 사람들에 대한 불신감 등등으로 얼굴이 일그러진 아이는 보지 못했다. 10명이면 10명 모두 세상에 갓 나온 아이의 얼굴은 그 어디에서도 볼 수 없는 평화로움 자체였다.

이렇게 아이의 탄생을 여러 차례 지켜본 나는 출산 전과 출산 후 산모의 공통적인 양상을 발견했다. 출산 전에 연락을 받고 달려가면, 산모는 영락없이 근심어린 얼굴로 자신을 위해 기도해 달라고 한다. 출산을 목전에 두고서 병원에 입원한 산모가 찬송을 부르거나 콧노래를 부른 경우를 아직 본 적이 없다. 그만큼 생명 탄생은 심각하고 진지한 일이다.

그러나 일단 아이를 받아 든 산모는 순산을 했든 아니면 난산을 했든 새로운 생명 그 자체로 인하여 한 없이 기쁜 웃음을 보인다. 그때 아이를 안고 웃음을 띤 엄마의 얼굴 속에서 나는 늘 천사의 얼굴을 보곤 한다.

아직 마음이 무뎌서인지, 아니면 마음이 선하지 못해서인지 모르지만 나는 한 번도 천사를 본 적이 없다. 심지어 꿈속에서도 천사를 본적이 없다. 그러나 화가의 손을 통해 그려진 천사의 얼굴에 박장대소하는 모습도, 우울한 모습도 아닌 말로 표현하기 어려운 평화로움이 있듯이, 생명의 한계선상까지 도달하며 아이를 낳은 엄마의 얼굴에는 너무 기쁜 얼굴도 아니고, 그렇다고 고통의 일그러짐이라고도 표현할 수 없는 경이로움이 있다. 이것이 새로운 생명 탄생을 체험한 엄마의 얼굴이다.

그렇게 힘들게 탄생한 생명이 하루가 다르게 성장하는 모습을 보는 것 또한 여간 즐거움이 아니다. 그리고 어느 날 말을 배워서 서툰 억양과 자태로 인사를 할 때 그 기쁨은 이루 헤아릴 수 없다.

교회의 탄생도 이와 흡사하다. 사실 교회를 잉태하고 교회를 한 생명체와 같이 출산한 분은 예수 그리스도시다. 교회를 출산하기까지 그분은 여간 힘을 들인 것이 아니었다. 이 사실을 깨달았기에 바울은 그분을 교회의 머리라고 단정했던 것이다.

교회란 겉으로 보이는 건물만을 두고 하는 말이 아니다. 아무리 건물이 있다고 해도, 그 안에 사람이 없으면 그게 무슨 교회인가?

그렇다고 교회 내에 사람이 있다고 해도 그게 다 교회는 아니다. 건물 내에 사람이 모이는 곳은 얼마든지 있다. 그럼에도 불구하고 교회는 다른 일반 장소와 다르게 신성시한다. 이유는 하나님의 전, 하나님의 집이라는 생각 때문이다.

신약성경 가운데 사도행전은 교회의 역사를 기록한 책이다. 그 속에는 교회에 대해 여러 차례 언급을 하고 있다. 이 책에서 말하는 교회에 대한 표현 몇 가지를 예로 든다면, "교회에 큰 핍박이 나서"(행 8:1), "교회가 그를 위해"(행 12:5), "교회를 모아"(행 14:27), "교회의 영접을 받고"(행 15:4) 등이 있다.

이런 표현들은 교회를 단순한 건물이 아니라, 마치 한 인격체와 같이 대하고 있음을 보여준다. 이런 표현은 다분히 교회를 세운 예수 그리스도의 행동과 밀접한 연관성을 가진다.

교회는 산모가 고통을 이기고 한 생명을 탄생시키듯, 예수의 "피로 샀다"고 성경은 증언한다(행 20:28). 그러므로 교회는 예수 그리스도의 고통을 통해 탄생된 생명을 가진 거룩한 인격체라 할 수 있는 것이다.

결론적으로 교회라고 할 때, 그 의미가 강조하는 바는 건물이 아니라 교회를 구성하는 교인들이다. 교인들 하나하나가 교회를 구성하고 있는 것이다. 그러므로 교회는 성도의 하기에 따라 평가되는 것이다. 교회가 교회다워지려면 성도들이 성도다워져야 한다. 그래야 교회에 생명력 있다. 그렇지 못하면 교회는 건물만 있는 죽은 성도의 사회가 되는 것이다.

하나님 안에서의 자유
FREEDOM IN GOD

2007년 12월 10일 초판 발행

지은이 | 김종선

펴낸곳 | (사) 기독교문서선교회
등록 | 제16~25호(1980. 1. 18)
주소 | 서울시 서초구 방배동 983-2
전화 | 02) 586-8761~3(본사) 031) 923-8762~3(영업부)
팩스 | 02) 523-0131(본사) 031) 923-8761(영업부)
홈페이지 | www.clcbook.com
이메일 | clc@clcbook.com
온라인 | 기업은행 073-000308-04-020, 국민은행 043-01-0379-646
　　　　　예금주: (사)기독교문서선교회

ISBN 978-89-341-0980-8(03230)

* 낙장 · 파본은 교환해 드립니다.